MW01234521

El Reto de las Palabras en Rojo

Red Letter Living LLC
www.RedLetterChallenge.com
hello@RedLetterChallenge.com

Diseño de portada y diseño de libro por plainjoestudios.com
Impreso en los Estados Unidos de América.

CONT

ENIDO

SEMANA DE SERVIR

SEMANA DE DAR

SEMANA DE IR

EL PÓRQUE DETRAS

DEL RETO DE LAS PALABRAS EN ROJO

¿Por qué el mundo que nos rodea y la vida que llevamos en nada parecen a la realidad de la que Jesús habló? ¿Por qué no hay una diferencia significativa entre las vidas de aquellos que se llaman cristianos y el resto del mundo? ¿Qué clase de testimonio podemos ser en este mundo si sencillamente somos como todos los demás? Si somos una representación pobre de quién es Dios, entonces, ¿qué debemos cambiar? ¿Qué podemos hacer? En lugar de retraernos, ¿no es hora de cambiar las percepciones de las personas sobre los seguidores de Jesucristo?

Estas preguntas me acosaban. Pensé que algo se tiene que hacer al respecto. Entonces tuve una idea simple, tan simple pero genial. ¿Qué pasa si tomamos las palabras de Jesús y las ponemos en práctica? Si pudiéramos realmente hacer esto, ¡de seguro cambiaría las percepciones de las personas sobre los seguidores de Jesús!

Sé lo que está pensando: "¿Esa es la gran idea?" Sí, esa es. ¡Y ni siquiera fue mi idea! Por eso supe que era genial, porque en realidad tomé esta idea del mismo Jesús.

Jesús termina el Sermón del Monte, el mejor que se haya predicado, diciendo en Mateo 7: 24-27:

> *"Por tanto, todo el que me oye estas palabras y las pone en práctica es como un hombre prudente que construyó su casa sobre la roca. Cayeron las lluvias, crecieron los ríos, y soplaron los vientos y azotaron aquella casa; con todo, la casa no se derrumbó porque estaba cimentada sobre la roca. Pero todo el que me oye estas palabras y no las pone en práctica es como un hombre insensato que construyó su casa sobre la arena. Cayeron las lluvias, crecieron los ríos, soplaron los vientos y azotaron aquella casa. Esta se derrumbó, y grande fue su ruina".*

Jesús dice: "Si quieres que tu casa se levante, practica lo que predico. Haz lo que digo". Jesús dice en Lucas 11:28: "—Dichosos más bien —contestó Jesús— los que oyen la palabra de Dios y la obedecen". Santiago, el hermano de Jesús, lo dice aún más sencillamente en Santiago 1:22: "No se contenten solo con escuchar la Palabra, pues así se engañan ustedes mismos. Llévenla a la práctica".

Esa es la gran idea. Tomar las palabras de Jesús, las escritas en letras rojas en sus Biblias, y ponerlas en práctica. Literalmente. ¡Esa idea no es muy original, pero sí revolucionaria que cambiará no solo a los seguidores de Jesús, sino también al mundo en el que vivimos!

Busqué mucho por algo que diera a los seguidores de Jesús pasos de acción claros y prácticos para recibir lo que Él dijo y luego practicar esas palabras. Hay muchos libros y recursos excelentes, pero nada pude encontrar que organice las palabras literales que Jesús habló y que exprese un desafío claro basado en esa enseñanza.

Decidí que esta idea necesitaba ser probada. En ese momento, yo era un pastor joven en el primer año de una iglesia pequeña y nueva. Queríamos encontrar maneras de participar en la comunidad y promover el reino de Dios en nuestra área. Personalmente, yo procuraba despertar a los miembros de mi iglesia. En ese momento, mi iglesia estaba compuesta principalmente de creyentes en Dios la mayor parte de sus vidas. Estaban acostumbrados a la iglesia y a rodearse solo de amigos cristianos y a servir tres o cuatro días a la semana (pero siempre en el edificio de la iglesia). La forma grande en que salieron de sus zonas de comodidad fue servir durante una reunión en la iglesia. ¿De veras? Las personas con cuarenta, cincuenta, incluso sesenta años en su fe y la forma que Dios las estaba "desarrollando" fue mostrar a alguien un asiento, pasar un plato de ofrenda y contar personas. Mi hijo de cinco años podría haberlo hecho, bueno, ¡siempre y cuando el conteo no haya sido de cientos!

Sin embargo, estaban abiertos a probar algo nuevo y con gran entusiasmo por todas las posibilidades que podrían surgir. Estaban especialmente anhelantes por ver cómo funcionaría este desafío. Se comprometieron a hacer lo que fuera necesario para alcanzar a nuestra comunidad, y especialmente a aquellos que no creían en Jesucristo como su Salvador.

Así que implementamos *El Reto de las palabras en rojo* en nuestra iglesia. ¿Cómo sería para una iglesia entera, nueva en el área pero entusiasmada con el futuro, practicar literalmente las palabras de Dios? ¡Los resultados fueron asombrosos y las vidas cambiadas! ¡La comunidad fue transformada! Las personas que participaron fueron desafiadas a subir a nuevas alturas en su relación con Cristo, y finalmente nuestra iglesia también creció. ¡Dios hizo cosas sorprendentes a través del desafío!

La gente hacía cosas que nunca imaginaron posibles. Y como trabajábamos juntos, sabían que tenían el apoyo y la responsabilidad de todos los demás en la iglesia. ¡Tuvimos tantas cosas sorprendentes que sucedieron durante el primer reto por lo que decidimos volver a hacerlo el año siguiente!

Fui bendecido por este desafío. Los que lo experimentaron también fueron bendecidos. Nuestra iglesia ha sido bendecida por este esfuerzo. Lo más importante es que nuestras comunidades recibieron bendición y, en consecuencia, ahora comienza a cambiar la percepción en nuestra área de quién es Jesucristo. Este libro de ejercicios, que sostiene en sus manos en este momento, bendecirá a usted y a muchos otros si toman en serio este desafío.

Las personas nuevas en la fe a menudo me preguntan: "¿Cómo sigo a Jesús? ¿Qué se supone debo hacer?" Incluso las personas que han creído y seguido a Jesús durante gran parte de su vida luchan por responder esa pregunta. Mientras exploraba las palabras de Cristo, descubrí que él pidió a sus seguidores hacer muchas cosas, pero dedicó una buena parte de su tiempo a cinco principios esenciales.

Hemos vuelto a organizar el reto para presentar cada uno de estos cinco principios durante los primeros cinco días. Las siguientes cinco semanas se examinará cada uno de estos principios durante una semana completa. ¡Y lo que tiene en sus manos ahora mismo es el detalle de los 40 días del reto de las palabras en rojo!

¡Al poner en práctica las palabras de Dios, encontrará la vida que Dios ha creado para usted! Será guiado a pasar más tiempo con el Dios que le ama. Usted servirá y sacrificará más que nunca. Perdonará a personas que nunca pensó podría perdonar. (¡Esa persona puede incluso ser usted mismo!) Se convertirá en una persona más generosa. Será más audaz y valiente en lo que dice y en cómo vive. ¡Y a través de todo el desafío, celebrará y disfrutará la vida que Dios le ha dado!

¡Otra cosa que probablemente sucederá es que fallará! Perdón por las palabras duras. Pero nunca he cumplido el desafío a la perfección. Hubo un día que ignoré aquí y allá o una idea me pareció muy difícil para un día en particular. Si esto le sucede, le invito a escribir sus pensamientos acerca de ese día y por qué le fue difícil. Descubrirá que quizás usted es más fuerte en algunas áreas que en otras en su fe.

Ser un seguidor de Jesús no siempre es agradable, ya que veces nos equivocamos. Dios nos perdona esos tiempos de equivocaciones y nos exhorta a volver y seguirlo. Si ha experimentado el éxito o el fracaso, quiero animarle a no frustrarse. Sólo siga adelante. Esperamos crear un nuevo hábito en su vida. No queremos que solo haga lo que Dios dice durante 40 días y luego lo ignore. Espero que la práctica de implementar las palabras de Jesús en su vida se convierta en algo cotidiano para usted. La formación de hábitos no es un proceso inmediato. Tarda un poco. ¡Pero debe comenzar en algún lugar, así que comencemos con sus palabras y emprendamos el Reto de las palabras en rojo!

¡AL PONER
LAS PALABRAS
DE DIOS
LITERALMENTE
EN PRÁCTICA,
ENCONTRARÁ
LA VIDA QUE DIOS
HA IMAGINADO
PARA USTED!

#REDLETTERCHALLENGE

CÓMO PRACTICAR

EL RETO DE LAS PALABRAS EN ROJO

Bien, está listo para el reto, pero ¿cómo funciona? ¿Cómo será esto?

Los primeros cinco días servirán de introducción. Aprenderá un poco más sobre cada uno de los cinco principios esenciales de Jesús. A partir de ahí, en cada uno de los siguientes 35 días, verá una cita directamente de la boca de Jesús. Después de la cita habrá un devocional, con una o más lecturas de la Biblia y un desafío de cómo podría aplicar esas palabras específicas ese día. Algunas serán muy específicas y otras serán generales. Cada día se le animará a cumplir el desafío.

El ritmo de un seguidor, o discípulo de Jesús, es ser un oyente y hacedor de lo que Dios dice. Por eso para cada día hay una historia o pasaje bíblico correspondiente, y un desafío de cómo implementar las palabras de Cristo en su vida. Muchos seguidores de Jesús leen la Biblia pero nunca ponen esas palabras en práctica. Del mismo modo, hay muchos que hacen buenas obras, pero no están seguros por qué las hacen.

Poner en práctica las palabras de Dios es mucho más eficaz cuando no está solo. Muchas veces es difícil hacer lo que Dios pide. Probablemente algunos días sienta rendirse. Por eso sugiero traer a alguien consigo en este desafío. Elija una persona de confianza. Cumpla el desafío con esa persona y ayúdense mutuamente como socios de responsabilidad. O incluso mejor, reúna algunos amigos, a sus empleados, o incluso a toda su iglesia, e invítelos a acompañarle en este viaje.

Vivimos en un mundo interactivo, y queremos saber cómo este reto funciona para usted y su impacto en usted y su comunidad. Este desafío le conmoverá de muchas maneras. Pasará por muchas emociones a medida que lo practique. Este libro está diseñado para captar esos sentimientos, pensamientos y emociones. Sea honesto y justo consigo mismo mientras cumple los desafíos.

Finalmente, le animo a publicar sus opiniones en nuestra página de Facebook (fb.me/redletterchallenge) y use el hashtag #RedLetterChallenge cada vez que lo mencione en cualquier plataforma de las redes sociales como Instagram. Infórmenos cómo le fue al poner en práctica las palabras de Dios para ese día. ¿Fue fácil? ¿Fue difícil? ¿Por qué? ¿Por qué no? ¿No pudo cumplir el desafío para hoy? Si es así, ¿qué le impidió cumplirlo?

CÓMO PRACTICAR

EL RETO DE LAS PALABRAS EN ROJO COMO IGLESIA

Pastores y líderes de la iglesia, ¿se aplica a ustedes alguna de las siguientes descripciones?

1. Quiere que su congregación pase más tiempo con Dios diariamente.
2. Quiere una mayor presencia en la comunidad donde usted sirve.
3. Quiere que su congregación practique una vida de mayor servicio y sacrificio.
4. Quiere que su iglesia sea más generosa.
5. Quiere que su iglesia sea más eficaz en su fe.
6. Quiere que su iglesia experimente la libertad del perdón de Dios.
7. Quiere que su iglesia tenga grupos caseros activos y participativos que se reúnan durante la semana.
8. Quiere un recurso para dar a las personas, después de recibir a Jesucristo, una dirección clara sobre qué hacer a continuación.

¡Estoy casi seguro que muchas de estas descripciones se aplican a usted! Espera una formación espiritual más profunda en su iglesia, pero sabe que muchas personas han perdido su fe y confunden ser discípulos de Cristo con ser voluntarios.

Este desafío despertará a los miembros y asistentes de su iglesia. ¡Animará a su iglesia y encontrará personas en su congregación que hacen cosas que ellas (¡y usted!) nunca pensaron posibles!

Nada mejor hay que una iglesia que practica en conjunto las palabras de Cristo. **Hacer lo que Dios nos pide no significa que deba hacerlo solo**.

Hemos organizado planes de estudio para grupos pequeños, así como manuscritos y videos completos de sermones en nuestro sitio web (www.redletterchallenge.com), y puede acceder a todo de forma gratuita. Este desafío se cumple mejor cuando todos no solo lo hacen a diario, sino que también se reúnen regularmente en grupos para discutir juntos los desafíos. También es muy valioso que la gente escuche a usted mientras el pastor habla sobre la importancia de los cinco principios esenciales como parte de una serie de clases de fin de semana. Además, recomendamos que su iglesia se reúna al menos un par de veces durante el reto para hacer lo que Cristo dice. Para algunas sugerencias, revise el apéndice "Ideas para reunir la comunidad".

Finalmente, deseamos alentar a usted como líder a sumergirse completamente en el Reto. Si quiere que su congregación invierta en él y crezca, es importante usted ser el modelo.

WWW.REDLETTERCHALLENGE.COM

¿PARA QUIÉN ES

EL RETO DE LAS PALABRAS EN ROJO?

Como dijo el gran teólogo de la NBA Allen Iverson en una conferencia de prensa:

> *"Me refiero a escuchar, estamos hablando de práctica, no de un juego, no un juego, no un juego, sino estamos hablando de práctica."*[1]

Bueno, tal vez él no es un teólogo, pero la antigua estrella de la NBA nos recuerda una realidad que cierta para casi todo el mundo: ¡la práctica no es tan divertida como el juego!

Muchos piensan que, para seguir a Jesucristo, tienen que esperar hasta tener toda su vida en orden. Creen tener que esperar hasta poder entender la Biblia y haberla leído toda antes de poder hacer lo que Él manda.

Creo que hoy es el momento de hacer lo que Jesús pide. Este desafío es para usted, ya sea que continúa firme en su fe durante décadas, acaba de llegar a la fe en Jesucristo, o está en plena lucha con el tema de Dios por primera vez.

No importa dónde empiece, **practicar las palabras de Jesús le ayudará a encontrar la vida para la cual fue creado.** Creo que pocas cosas desarrollan nuestra fe más que participar y hacer las cosas que Dios nos pide que hacer. Cuando nos sentimos impotentes y sin preparación (lo que a veces sentirá en este desafío), Dios usará esos momentos para dar, moldear y formar su fe.

Este desafío es para todos. Joven y viejo. Hombres y mujeres. Con iglesia o sin iglesia. Cristiano nuevo, cristiano de toda la vida, o no cristiano. Es para cualquiera que busca algo más en la vida.

¡DESAFÍO EXTENDIDO!

Este desafío le pedirá hacer muchas cosas. Pero antes de hacerlas, es importante saber por qué lo hace y para quién las hace. Verdaderamente creo **seguir a Jesús significa estar con Jesús y hacer lo que pide.**

Algunas personas son mejores en ser. Les gusta la idea de pasar tiempo con Dios, pero nunca hacen nada.

Si digo a mi hijo: "Ve a limpiar tu habitación", no volverá un par de horas más tarde y dirá: "Oye, papá, memoricé lo que dijiste". Dijiste: "Ve a limpiar tu habitación". Y él no va a decir: "Papá, sé cómo se dice 've a limpiar tu habitación' en griego. *Pao Katharos sas domatio*". En este punto yo estaría impresionado, ¡pero eso no va a funcionar! Y él no va a decir: "Mis amigos y yo nos reuniremos y estudiaremos cómo se vería si fuera a limpiar mi habitación". No, nada de eso va a funcionar. Entonces, ¿por qué pensamos que esto va a funcionar con Jesús?[2]

Jesús dijo: "¿Por qué me llaman ustedes "Señor", y no hacen lo que les digo? Las palabras sin acción nunca fueron aceptables para Jesús. La fe sin obras es muerta.

Por otro lado, hay otros (¡como yo!), que disfrutan hacer. Pensamos que ser por sí solo es aburrido. ¡Queremos hacer las cosas! Pero si no pasamos tiempo en "ser", nuestro "hacer" no será tan productivo. Si no pasamos tiempo para descansar en Dios y aprender de Él, nos agotaremos rápidamente y nuestra actividad enfocará más en nosotros que en Cristo

Recuerdo cuando estaba de novio con mi esposa Allison. Fuimos de viaje con su familia al Museo de Ciencias de Chicago. Allison me advirtió que a su papá le gusta reposar 20 minutos todos los días, sin importarle su alrededor. Efectivamente, encontró una banca cerca de una de las pantallas donde se acurrucó y se durmió. Los ojos cerrados, roncaba, una baba goteaba de su boca al suelo. (Bien exagero esa última parte).

En este punto de mi relación con Allison, todavía yo procuraba causar una buena impresión en su familia. Aparentemente todos estaban acostumbrados a que su padre durmiera en lugares al azar, pero yo no, así que me ofrecí como voluntario para quedarme con él. La gente que pasaba al lado le dirigía miradas raras, y luego me miraban a mí. Yo, por supuesto, actué como si no conociera al hombre. Fue muy incómodo, pero justo a los 20 minutos él despertó, y seguí como si todo fuera normal. Pensé que era una locura.

Pero aparentemente hay alguna evidencia científica que dice que aquellos que hacen una pausa para dormir durante el día pueden ser más productivos. No parece que es útil hacer una pausa en medio de las horas de trabajo productivo, pero estas siestas revitalizan a la personas para rendir más.

Salmo 46:10 dice: "Quédense quietos, reconozcan que yo soy Dios". Muchos de nosotros no sabemos cómo "ser" simplemente. Sabemos cómo hacerlo. Pero luchamos con ser.

Antes de hacer lo que Cristo nos pide, necesitamos estar con él. De eso trata esta primera semana: pasar tiempo con Dios. Así que en nuestra semana de "ser" exploraremos lo que se llaman disciplinas espirituales. Estas disciplinas espirituales son buenos hábitos que le permiten conectarse más estrechamente con Jesucristo. Estas disciplinas han sido practicadas durante siglos por los seguidores de Jesús.

La forma más saludable de seguir a Cristo y buscar primeramente a él es que nuestro hacer fluya de nuestro ser. **Hacer fluye de quién soy y en quién me convierto cuando paso tiempo con Cristo.**

Así es como veo que funciona en mi vida:

- Cuando paso tiempo con Cristo, no puedo esperar para comenzar a hacer lo que Él dice.
- Cuando voy a la iglesia y adoro a Cristo, él me da la energía que necesito para seguir adelante en la vida.
- Cuando leo la Biblia, no tarda mucho en manifestarse en mí y muy pronto se convierte como un fuego que arde en mis huesos que no puedo contener. ¡Solo tengo que compartirlo!
- Cuando oro, una paz me envuelve. Ni siquiera puedo explicarlo.

Jesús dijo muchas cosas acerca de estar con él. En la primera semana del desafío, aprenderá diferentes maneras en las que puede estar con Jesús.

HACER FLUYE
DE QUIÉN SOY
Y EN QUIEN ME
CONVIERTO CUANDO
PASO TIEMPO
CON CRISTO.

DÍA 2 PERDONAR

Generalmente el exterior de los sofás suelen verse muy bien. Pero ¿alguna vez ha levantado los cojines?

Antes de hacerlo, tome un momento para preparar su corazón y alma para los horrores que está a punto de experimentar. De hecho, puede que incluso quiera ponerse un traje de protección contra materiales peligrosos. Si es como nuestra familia, encontrará pedacitos de chocolate, quesadillas, restos de pizza, papas fritas, piezas de Lego y posiblemente el virus Zika. Todo está ahí debajo.

En la superficie el sofá se ve muy bien. De hecho, incluso hemos tenido visitas que se sientan en nuestro sofá.[3] Externamente, luce bien, pero en el fondo hay mucha basura.

Nuestra vida es así. **En la superficie, muchos lucimos muy bien, pero nuestro interior es un desastre**. Publicamos en las redes sociales las imágenes más destacadas de nosotros mismos para aparentar que todo está bien. Nos vemos maravillosos en las redes, y pensamos que hemos engañado a todos de que no tenemos problemas en nuestra vida.

Incluso hacemos lo mismo en la iglesia. Entramos y actuamos como políticos: abrazamos a las personas, besamos a los bebés y estrechamos las manos. Tratamos de que todo se vea perfecto, pero debajo hay un montón de cosas de las que no estamos tan orgullosos. Y a veces otras personas pueden estar intimidadas porque suponen que son las únicas con un lío debajo de su sofá.

La realidad es que en el fondo de cada uno de nosotros hay muchas heridas. Todos llevamos heridas. Nos duele, experimentamos dolor y muchos no somos libres porque el pasado nos mantiene cautivos. Es como un sofá viejo del que no podemos deshacernos, nos topamos continuamente con el desorden.

Pero Dios no quiere que siga atrapado en el pasado, porque **si no puede liberarse del pasado, nunca podrá avanzar hacia el futuro**. Él ha tomado su lío y lo ha clavado en la cruz para que no continúe la crítica contra usted mismo. Él quiere que usted experimente su gracia.

Efesios 2: 8-9 lo dice perfectamente: "Porque por gracia ustedes han sido salvados mediante la fe; esto no procede de ustedes, sino que es el regalo de Dios, no por obras, para que nadie se jacte".

En cada religión del mundo, aparte del cristianismo, uno debe hacer algo para obtener "salvación" o "vida eterna". Y muchas de esas religiones están creciendo más rápidamente que el cristianismo, porque tienen más sentido. ¡La gracia es gratuita! ¡No merecemos la gracia! Así que es difícil de aceptar.

Brennan Manning dice: *"En términos generales, la iglesia estadounidense hoy acepta la gracia en teoría, pero la niega en la práctica. Afirmamos creer que la estructura fundamental de la realidad es la gracia, no las obras, pero nuestra vida refuta nuestra fe. En general, el evangelio de la gracia no se proclama, comprende ni se vive"*[4].

Él prosigue: *"Jesús viene no por los súper espirituales, sino por los vacilantes y los débiles que saben que no son perfectos, ni tan orgullosos para aceptar el regalo de la asombrosa gracia. Al fijar los ojos arriba, nos sorprende ver los ojos de Jesús llenos de asombro, de profunda comprensión y afable compasión. Este es el Dios del evangelio de la gracia"*[5].

Una vez mi abuelo habló con una mujer de unos noventa años que solo tenía un par de semanas de vida. Ella dijo: "He estado en la iglesia toda mi vida. He servido en todos los comités. Pero no sé si he hecho suficientes cosas buenas para entrar en el cielo. No sé a dónde iré cuando muera". Mi abuelo pudo explicarle que la salvación no es por lo que la persona ha hecho, sino por lo que Dios hizo. Él ya la había perdonado de sus pecados y ella podía estar segura de su salvación.

Qué triste cuando una mujer pueda escuchar todas las palabras "correctas" y estar en todos los lugares "correctos" durante más de nueve décadas y todavía no haya recibido el perdón de Dios. Espero que al haber hablado mi abuelo con ella, finalmente experimentara la confianza y la seguridad de la gracia de Dios. La gracia nos da la seguridad de que todo ha sido hecho. **No hay pecado muy grande por el cual Cristo no haya muerto en la cruz.**

Todos necesitamos perentoriamente la gracia de Dios. La segunda semana de nuestro desafío de 40 días se enfocará en recibir el perdón de Dios y aprender cómo perdonar a otras personas.

NO HAY PECADO MUY GRANDE POR EL CUAL CRISTO NO HAYA MUERTO EN LA CRUZ

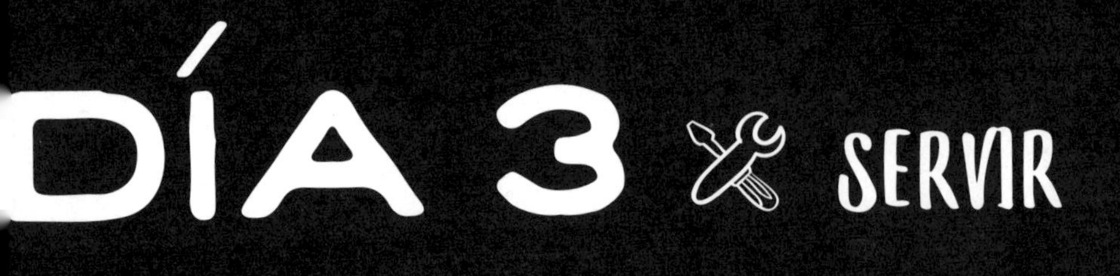

Ayer leímos Efesios 2: 8-9 que dice que somos salvos por la gracia de Dios y no por nuestras propias obras. Entonces, si mi futuro ya ha sido resuelto, ¿para qué sirven las buenas obras? El siguiente versículo dice esto:

"Porque somos hechura de Dios, creados en Cristo Jesús para buenas obras, las cuales Dios dispuso de antemano a fin de que las pongamos en práctica."

No es coincidencia que el apóstol Pablo escribió este versículo después de los versículos anteriores que hablan de la gracia. Hay algo que sigue a esto: una vez que recibe la gracia de Dios, va a querer hacer el bien. Si está lleno de gratitud porque alguien le ha ayudado, querrá corresponder a esa persona. Es lo mismo con nosotros y Dios.

La historia en 2 de Reyes 4 trata de una sunamita de buena posición. Ella preparó una habitación en su casa para el gran profeta Eliseo. Y un día le dijo a ella: "¡Te has tomado muchas molestias por nosotros!¿Qué puedo hacer por ti?"[6]. Lo que me complace de esta historia es que ella no preparó la habitación para que Eliseo algún día hiciera algo por ella. Y Eliseo no preguntó qué podía hacer por ella por obligación. Ambos querían genuinamente servir el uno al otro.

Numerosas personas entran en una relación con Jesús porque solo quieren obtener más de Él. Me siento realmente frustrado cuando los predicadores tergiversan la verdad del Evangelio y lo reemplazan con un evangelio de prosperidad que dice si uno sigue a Dios, será bendecido y tendrá una vida próspera. Si da cierta cantidad de dinero, Dios se hará cargo de su deuda, o si hace algo por otra persona, la próxima vez obtendrá el lugar de estacionamiento perfecto.

No servimos a Dios para obtener más de Él. Ya hemos recibido a Jesús. Él es el premio. ¡Él es la gran recompensa! Servimos a Dios porque Él nos sirvió primero.

Sin embargo, aunque la motivación de servir a Dios no es obtener más de Él, ¡siempre recibimos!

"Al igual que Eliseo buscó activamente formas de bendecir a la mujer sunamita, Dios anhela bendecirnos. ¿Acaso esa no es una manera de cambiar de perspectiva y de paradigma de cómo percibimos a Dios? Creo que la mayoría de nosotros imaginamos que Dios busca maneras para castigarnos. Pero, ¿y qué pasa si Dios realmente solo imagina cómo quiere bendecirle y actuar a favor de usted?"[7]

Nuestra gratitud por lo que Dios ha hecho nos impulsa a servirle. No servimos a Dios por obligación o porque así ganamos nuestra salvación. Servimos a Dios por todo lo que ha hecho por nosotros, y por esta razón:

Servir a otros no lo salvará, solo puede ayudarle a salvar a alguien más. Solo Dios puede salvar a alguien, pero el Espíritu Santo vive en todos los que creemos en él. Es decir, Él puede usar a alguien como usted para ayudar en la salvación de alguien más. **¡Usted es más poderoso de lo que piensa!**

Entiendo que no todos en este desafío están en el mismo nivel espiritual. Y está bien. Algunos de ustedes aceptan este desafío porque sienten que "deben" hacerlo. No obstante, espero que en el transcurso de estos cuarenta días se den cuenta que nuestro Dios es bueno y cuánto ha hecho por usted, y que su actitud "debo hacerlo" cambie a "quiero hacerlo".

Jesús tenía un corazón servicial. Cuando servimos, reflejamos quién es nuestro Dios. Una gran parte de este desafío de 40 días es cambiar las percepciones de las personas sobre los seguidores de Cristo. Cuando servimos, cuando cuidamos a los huérfanos y a las viudas, cuando alimentamos a los hambrientos, cuando vestimos a los desnudos, cuando dejamos que nuestras luces brillen ante los demás, las personas se dan cuenta y se sienten atraídas hacia nosotros.

1 Pedro 3:15 dice: "Más bien, honren en su corazón a Cristo como Señor. Estén siempre preparados para responder a todo el que les pida razón de la esperanza que hay en ustedes". Muchas veces procuramos más tener las respuestas correctas, pero antes de dar una respuesta, se debe hacer una pregunta. Debemos llevar nuestra vida de manera que otros se pregunten: "¿Qué tiene de diferente esa persona? ¿Por qué muestra tanto interés en otros? ¿Por qué sirve tanto?" Y cuando nos pregunten, podemos decirles que servimos porque Jesús nos sirvió primero.

Durante la tercera semana de este desafío, usted comenzará a servir. Aprenderá a quién Dios le llama a servir y cómo quiere que sirva.

SERVIR A OTROS NO LO SALVARÁ, SOLO PUEDE AYUDARLE A SALVAR A ALGUIEN MÁS.

#REDLETTERCHALLENGE

DÍA 4 DAR

Jesús habló mucho sobre dar. De hecho, Jesús habló más sobre el dinero que del amor, el cielo o el infierno. Habló más del dinero que cualquier otro tema, excepto el reino de Dios.[8]

¿Por qué? Porque la gente necesita inmediata sabiduría cuando se trata de sus finanzas. Muchos vivimos de sueldo a sueldo y ahogados en deudas. El dinero es una de las causas de mayor discusión en el matrimonio. No importa quién sea usted, ahorrar, dar y administrar dinero probablemente es un desafío.

Así que vamos a empezar con esta declaración. Usted es rico.

Andy Stanley dice: *"Es gracioso, la gente rica está en negación. Y normalmente no negamos las cosas de las cuales estamos seguros. Por ejemplo, las personas altas admiten que son altas. Las personas bajas admiten que son bajas. Los atletas admiten que son atléticos. Las personas artísticas admiten que son artísticas. Y a ellas no les importa decir que... su automóvil es un desastre, su habitación es un desastre, su vida es un desastre, y que son tan felices. A los introvertidos no les importa decir que son introvertidos, y los extrovertidos no pueden esperar para decir que son extrovertidos. Como si realmente tuvieran que decirlo. Pero cuando se trata de personas ricas, no admiten que son ricas, sino viven en negación".*[9]

De acuerdo con las estadísticas, si usted gana $ 40 mil dólares al año, se encuentra entre el 4% más alto del mundo, y si gana más de $ 48 mil dólares al año, se encuentra entre el 1% más rico del mundo. Disfrutamos de una calidad de vida que muy pocos en la historia del mundo han experimentado. ¡Nuestra mayor preocupación no es el hambre, sino la obesidad!

Sin embargo, cuanto más dinero ganan los estadounidenses, menos dinero dan.

Cuando Allison y yo nos casamos, nuestro apartamento estaba situado en una casa construida alrededor de 1900. Este apartamento solo tenía un armario muy pequeño. En ese momento en la historia, un hombre probablemente tenía un traje y una o dos camisas elegantes. Él tenía un par de pantalones de mezclilla y un par de camisetas casuales, tal vez dos pares de zapatos, y eso era todo. Señoras, no tengo la menor idea de lo que ustedes vestían pero, evidentemente cabría en el armario junto a esas otras pocas cosas. Un armario pequeño.

Hoy día es muy diferente. Nuestras casas tienen armarios en casi todas las habitaciones.

Algunos tienen vestidores amplios. ¡Otros tienen habitaciones para vestirse! ¡Y algunos todavía decimos que no tenemos qué ponernos! No solo eso, muchos tenemos abarrotado los armarios que incluso usamos el garaje… y luego para limpiar nuestro garaje tenemos que guardar nuestras cosas adicionales en otro lugar. He escuchado que la industria de almacenamiento, que apenas existía hace 25 años, ahora es más grande que la industria de la música en Norteamérica. Hay 52 mil instalaciones de almacenamiento en todo el mundo, y 46 mil de ellas están en los Estados Unidos. ¡Amamos nuestras cosas! Somos ricos. Y sin embargo, experimentamos problemas financieros y estrés como nunca antes.

Nuestras prioridades están fuera de control. Cuando nos preocupamos más por las cosas que hemos acumulado que por ayudar a los necesitados, cuando nos preocupamos más por el dinero que ganamos que por pasar tiempo con nuestra familia, y cuando confiamos más en el dinero de nuestras cuentas bancarias en lugar de confiar en Dios para nuestra seguridad, necesitamos cambiar totalmente nuestra relación con el dinero.

En la cuarta semana de este desafío, veremos que Jesús desafía a sus seguidores a ser generosos. Cuanto más leo las palabras de Jesús, más **convencido estoy que es imposible ser un cristiano tacaño.** No podemos seguir bien a Jesús y al mismo tiempo ignorar su enseñanza sobre el dinero. **Si usted de veras sigue a Jesús, entonces es generoso**.

Y así como servimos en respuesta a Dios, damos porque Dios también nos dio. El versículo más conocido de la Biblia es Juan 3:16: "Porque tanto amó Dios al mundo que **dio** a su Hijo unigénito, para que todo el que cree en él no se pierda, sino que tenga vida eterna". Dios mostró su amor por nosotros al darnos a su Hijo. Jesús mostró su amor por nosotros al renunciar a su vida. Cuando damos, reflejamos el corazón y el carácter de nuestro Dios. La semana de dar definitivamente lo desafiará porque nuestro enfoque "normal" a las finanzas no está funcionando. ¡Procuremos hacer lo que Jesús nos pide!

ESTOY CONVENCIDO DE QUE ES IMPOSIBLE SER UN CRISTIANO TACAÑO.

#REDLETTERCHALLENGE

DÍA 5 ☞ IR

Cuando Jesús comenzó su ministerio, recorrió con un sentido de urgencia sorprendente. En el Evangelio de Marcos, las palabras "de inmediato" o "inmediatamente" se usan más de cuarenta veces. **Si Jesús caminó con un sentido de urgencia, entonces quiero caminar con un sentido de urgencia.**

Pero es difícil avanzar a toda velocidad en pos de Dios. Naturalmente queremos tener el control de todo y avanzar a un ritmo cómodo. Al decidir seguir a Jesús, rendimos nuestra necesidad de estar en control. Ciertamente puede causar temor, pero también puede ser gratificante, emocionante y extraordinario.

Gary Haugen, fundador y líder de International Justice Mission (Misión Internacional de Justicia), escribió un libro llamado *Just Courage* (Solo Coraje). En este libro, describió algo que sucedió cuando tenía 10 años y todavía lo recuerda. Relata acerca de un día mientras escalaba el Monte Rainier con su padre y sus hermanos. Él era el más pequeño, así que la subida fue difícil para él.

Ese día en particular, la familia de Gary quería llegar al Campamento Muir, pero Gary después de mirar el enorme cartel lleno de advertencias acerca del camino por delante preguntó si se podía quedar en el centro de visitantes mientras ellos subían.

Su padre estuvo de acuerdo, así que Gary se quedó en el centro y exploró cada esquina. Pero a medida que avanzaba el día, esta área amplia comenzó a parecerle bastante pequeña. Y la idea de ver el video informativo por sexta o séptima vez no era tan interesante.

Empezó a sentirse aburrido, adormecido y detenido atorado.

Después de pasar la tarde más larga de su vida, finalmente su padre y sus hermanos regresaron. Estaban mojados por la nieve, hambrientos, deshidratados y lastimados por las rocas y el hielo, pero en el largo viaje de regreso a casa tenían historias sobre un día inolvidable con su padre en una gran montaña. Gary dice que se dio cuenta de que "fui de viaje pero me perdí la aventura".

Gary eligió lo fácil. Parecía una buena decisión en ese momento, pero al final fue bien aburrida. ¡Su padre y sus hermanos eligieron lo difícil y ahora tenían historias, recuerdos y heridas que siempre recordarán![10]

No salga de viaje y se pierda la aventura. Muchos queremos seguir a Jesús solo cuando es fácil y seguro. Cuando se pone difícil, tendemos a perder la fe y cuestionar a Dios. Pero estar seguro y esperar lo fácil hace una historia aburrida. En su libro *A Million Miles in a Thousand Years* (Un millón de millas en mil años), Donald Miller escribió: *"Si usted viera una película sobre un tipo que quería un vehículo Volvo y trabajó durante años para conseguirlo, no lloraría al final cuando saliera del estacionamiento y probara los limpiaparabrisas. No diría a sus amigos que vio una hermosa película o que se fue a casa y puso un disco de música para pensar en la historia que había visto. La verdad es que no recordaría esa película una semana después, excepto que se sentiría robado y querría recuperar su dinero. Nadie llora al final de una película sobre un tipo que quiere conseguir un Volvo.*

Pero pasamos años viviendo esas historias y esperamos que nuestra vida tengan significado. La verdad es, si lo que elegimos hacer con nuestra vida no será una historia significativa, tampoco será una vida con sentido".[11]

Si usted reconociera que su vida no cuenta una buena historia, ¿la cambiaría? Al comenzar este desafío, recuerde usted es el relator de una historia. Tiene la oportunidad de contar la historia de Jesús por lo que hace y dice durante este desafío. Y aunque no siempre será fácil, le garantizo que si cumple este desafío y vive conforme a las palabras de Cristo, vivirá una historia que vale la pena contar.

Esta última semana del reto será difícil. Dios le llamará para que se extienda fuera de su zona de comodidad. En esos días, lo fácil y seguro sería abandonar el reto sin terminar. ¡Pero no se vaya de viaje y se pierda la aventura!

Cuando Dios dice: "Id", Él siempre irá con usted. Él nunca le dejará ni le abandonará. **Cuando Dios le pida ir a algún lugar, usted nunca va solo.** Jesús nos ofrece un estilo de vida lleno de aventura, misión y propósito. ¿Está usted listo? ¡Abróchese el cinturón, el desafío comienza ahora!

5/40

¡HAGAMOS
ESTO!

DÍAS 6-12 DEL RETO DE LOS 40 DÍAS

SEMANA DE

SER

VENGAN A MÍ TODOS
USTEDES QUE ESTÁN
CANSADOS Y AGOBIADOS,
Y YO LES DARÉ DESCANSO.

MATEO 11:28

PERMANEZCAN EN MIS PALABRAS

JUAN 8:31

¿Qué pasaría si le dijera que Dios podría hablar a usted en cualquier momento? A veces la gente dice: "Sigo esperando para escuchar la voz de Dios y nada recibo". **Si hubiera una manera de escuchar a Dios en este momento, ¿lo haría?** ¡Por supuesto que sí! ¡Probablemente haría todo lo necesario para escuchar directamente de Dios! Bueno, la Biblia es el libro que contiene las palabras de Dios. Dios se revela a usted a través de la Biblia. Sin embargo, las mismas personas que frecuentemente afirman amar tanto a Dios y dicen querer escuchar de Él a menudo evitan leer la Biblia. Como resultado, pierden oportunidades para escuchar a Dios.

LifeWay Research realizó una encuesta a más de 2,900 feligreses protestantes y descubrió que mientras el 90 por ciento "desean complacer y honrar a Jesús en todo lo que hacen", pero solo el 19 por ciento lee personalmente la Biblia todos los días.[12] Solo 19 por ciento, eso es patético.

Tal vez usted es parte del 19 por ciento que lee la Biblia, y si lo es, quiero animarle a seguir su lectura tan a menudo como pueda. Pero si los números son exactos, eso significa que cuatro de cada cinco personas que han aceptado este desafío no leen la Biblia con regularidad. ¿Cómo podemos esperar realmente hacer un impacto en nombre de Jesucristo sin por lo menos invertir un tiempo en leer sus palabras y así aumentar nuestro conocimiento de quién es Él?

Escuche, no soy perfecto. Hay días que fracaso. Mi trabajo como pastor indudablemente me ayuda a mantener mi lectura regular de la Biblia, pero eso no significa que continuamente aprendo y crezco por la Palabra de Dios. Así que incluso yo a veces lucho con esto.

La cita completa de Jesús se encuentra en Juan 8: 31-32: "Si se mantienen fieles a mis enseñanzas, serán realmente mis discípulos; y conocerán la verdad, y la verdad los hará libres". La palabra "permanecer o mantenerse en" puede significar vivir o residir. Jesús esencialmente nos dice que vivamos o permanezcamos en su palabra. Él quiere que hagamos de la Biblia y sus palabras una parte de nuestra vida. Debemos leer, marcar y digerir en nuestro interior las palabras. Ellas deben convertirse en una parte tan importante de nosotros hasta el punto de no poder imaginar cómo era nuestra vida antes de conocer la Biblia. ¡La Palabra de Dios se supone que debe ir con nosotros dondequiera que vayamos!

De hecho, en el Antiguo Testamento, Dios dijo a Ezequiel que comiera el rollo de las Escrituras. Ezequiel 3:3 dice: "Hijo de hombre, cómete el rollo que te estoy dando hasta que te sacies". Y yo me lo comí, y era tan dulce como la miel. Dios quería que Ezequiel comiera las palabras del rollo para que estas palabras literalmente tomaran vida en él. Lo mismo puede suceder con nosotros hoy. Dios quiere que leamos y estudiemos la Biblia hasta que se convierta en parte integral de nosotros. La palabra de Dios tiene el poder de verdaderamente cambiarnos y conmovernos. De eso se trata este desafío: ¡Qué las palabras de Jesús cobren vida hoy!

La Biblia es la única historia verdadera de la vida. La Biblia revela al único Dios verdadero: Dios Padre, Dios Hijo y Dios Espíritu Santo. ¡En las palabras de la Santa Biblia vemos que la vida, muerte y resurrección de Jesús nos ofrece gracia, perdón, libertad y nueva vida! Debido a esta nueva vida, no podemos evitar querer hacer una diferencia y mostrar a las personas cómo saber más acerca de nuestro asombroso Dios. ¿Y a dónde les indicamos para averiguar más acerca de Dios? ¡En la Biblia!

Quizás no haya mayor disciplina espiritual que leer la palabra de Dios, porque cada vez que usted examine sus páginas, siempre puede aprender algo. 2 Timoteo 3: 16-17 dice: "Toda la Escritura es inspirada por Dios y útil para enseñar, para reprender, para corregir y para instruir en la justicia, a fin de que el siervo de Dios esté enteramente capacitado para toda buena obra". Cada vez que lee la Escritura, usted recibe capacitación, corrección e instrucción. ¡Siempre escucha de Dios!

Haremos muchas buenas obras en este desafío. La palabra de Dios nos preparará para estas buenas obras, porque, después de todo, nuestro hacer fluye de nuestro ser con Cristo.

LA BIBLIA ES
LA ÚNICA
HISTORIA
VERDADERA
DE LA VIDA.

En nuestra lectura bíblica para hoy, Dios llama a Ezequiel a ser un profeta y decir palabras difíciles pero verdaderas a la nación de Israel. Dios da las palabras a Ezequiel para proclamar a los israelitas. Como Ezequiel, estamos llamados a comer la palabra de Dios para luego compartir esas palabras y el mensaje del Evangelio con el resto del mundo.

EZEQUIEL 2:7-10, 3:1-4

7 Tal vez te escuchen, tal vez no, pues son un pueblo rebelde; pero tú les proclamarás mis palabras. 8 Tú, hijo de hombre, atiende bien a lo que te voy a decir, y no seas rebelde como ellos. Abre tu boca y come lo que te voy a dar".

9 Entonces miré, y vi que una mano con un rollo escrito se extendía hacia mí. 10 La mano abrió ante mis ojos el rollo, el cual estaba escrito por ambos lados, y contenía lamentos, gemidos y amenazas.

3:1-4 Y me dijo: "Hijo de hombre, cómete este rollo escrito, y luego ve a hablarles a los israelitas". 2 Yo abrí la boca y él hizo que me comiera el rollo.

3 Luego me dijo: "Hijo de hombre, cómete el rollo que te estoy dando hasta que te sacies". Y yo me lo comí, y era tan dulce como la miel.

4 Otra vez me dijo: "Hijo de hombre, ve a la nación de Israel y proclámale mis palabras.

ABRA LA BIBLIA HOY Y ESCUCHE A DIOS.

Si nunca ha leído la Biblia, le recomendaría comenzar con el libro de Juan. Juan es el cuarto libro del Nuevo Testamento y cuenta la historia de Jesús de una manera que ayuda a las personas a entender quién es Él.

Este desafío de hoy, es una gran disciplina para practicar todos los días durante el resto del desafío y más adelante. Si quiere saber dónde comenzar o cómo leer la Biblia de manera eficaz, un buen lugar para comenzar es descargar la aplicación de la Biblia YouVersion o buscar en línea un plan diario de lectura de la Biblia.

6/40

OREN FERVIENTEMENTE

MATEO 9:38

De acuerdo, admitámoslo: ¡la oración puede ser rara! Usted lo ha visto. Yo he visto. Si quiere silencio en una sala de estudiantes de secundaria o preparatoria, ¿qué hace? Pida que alguien ore. ¡Es sorprendente cómo se callan y miran el piso! También hay otro lado extraño de la oración, y muchos de ustedes probablemente saben de lo que hablo: el tipo que comienza a orar y entra en otro estado de inteligencia al pronunciar palabras grandes, definidas y superfluas que nunca antes han salido de su boca. Por ejemplo:

"Querido Dios omnipotente, omnisciente y omnipresente, te suplicamos que nos justifiques a través de tu expiación vicaria y santifiques tu ekklesia a través de tu Espíritu Santo. Aunque habitamos en un mundo "simul iustus et peccator", estamos eternamente agradecidos de que recibimos alimento y somos sustentados a través de la Eucaristía. Ayúdanos a hacer una exegesis adecuada de la Biblia y de este mundo hasta la próxima parusía. Dios soberano, infalible e inmutable, amén.

Traducción: "¡Maravilloso Dios, gracias por tu perdón y continúa guiándonos con tu Espíritu Santo hasta que regreses! Dios asombroso, amén".

Will Davis, autor de Pray Big (Ore en Grande), dice: *"De alguna manera, hemos tenido la impresión de que la oración verdadera requiere palabras elocuentes, frases largas y términos teológicos de elección".*[13] Todo lo que se dice parece ser "correcto" e incluso rima. Hasta cierto punto, usted está impresionado, pero por otro lado en realidad no lo está. No quiero decir que esas oraciones no sean genuinas, sino que a veces pueden hacer más mal que bien. Creo que este tipo de oración puede dar una mala impresión de la oración verdadera.

En el centro de todo esto, **tenemos un Dios que desea tener una relación con nosotros**. Orar es tener una relación con Dios, y Dios quiere que usted hable como usted mismo. No se trata de venir a Dios con todas las palabras correctas. No se trata de decir todo perfectamente. Se trata de hablar, escuchar y pasar tiempo con él. Y al pasar tiempo con Dios, ¡Él quiere que seamos quienes somos! Él no quiere una versión falsa de nosotros según creemos que el mundo quiere de nosotros. Dios quiere que usted, con todas sus imperfecciones, simplemente se acerque más y pase tiempo con Él. Él quiere que usted le cuente lo que piensa.

Todos oramos de manera diferente: algunos de nosotros con buenos motivos, algunos con malos motivos y otros con motivos mixtos. Y eso está bien. La oración no es pretender que todo es perfecto delante de Dios. No es decir a Dios mentiras. Es ser simplemente genuino ante Él: decir tal cual es. No digo que no deberíamos ser respetuosos, sino que no debemos temer de dirigirnos a Él. De hecho, en la oración del Padrenuestro, Jesús nos enseña a dirigirnos a Dios como a un padre. Y así, en muchos sentidos, la oración es como yo al escuchar y hablar con mi papá. Richard Foster dice: "*¡A veces nuestros hijos se acercan a nosotros con peticiones absurdas! A menudo nos afligimos por la mezquindad y el egoísmo en sus peticiones, pero aún más afligidos estaríamos si nunca acudieran a nosotros, incluso con su mezquindad y egoísmo. Simplemente nos alegramos de que hayan pedido, con motivos caprichosos inclusive*".[14]

Jesús nos dice en Mateo 9:38 que oremos fervientemente. La oración es una parte muy importante de nuestro caminar en este desafío. Algunos de los desafíos serán fáciles, otros difíciles. Estoy agradecido, sin importar cuán fácil o difícil es el desafío, Dios siempre está listo para escuchar. **La oración es la herramienta más poderosa que tenemos en esta tierra**, sin embargo, para muchos de nosotros no es parte de nuestra rutina diaria.

Está bien si usted no sabe exactamente cómo orar o qué orar. Incluso los discípulos de Jesús pidieron a Jesús que les enseñara a orar. Dios se alegra cuando usted viene a Él en oración. Orar con fervor es el desafío que aceptamos hoy, pero esta disciplina está verdaderamente destinada a ser parte de nuestra vida todos los días. Continúe pidiendo a Dios con fervor y específicamente por las cosas que desea. Cuanto más conoce a Dios y pasa tiempo en oración, más se dará cuenta que ruega por las cosas que usted y Dios quieren.

LA ORACIÓN ES LA HERRAMIENTA MÁS PODEROSA QUE TENEMOS EN LA TIERRA.

#REDLETTERCHALLENGE

Aprendemos de esta parábola a nunca dejar de orar.

LUCAS 18: 1-8

Jesús les contó a sus discípulos una parábola para mostrarles que debían orar siempre, sin desanimarse. ***2*** *Les dijo: "Había en cierto pueblo un juez que no tenía temor de Dios ni consideración de nadie.* ***3*** *En el mismo pueblo había una viuda que insistía en pedirle: "Hágame usted justicia contra mi adversario".*

4 *Durante algún tiempo él se negó, pero por fin concluyó: 'Aunque no temo a Dios ni tengo consideración de nadie,* ***5*** *como esta viuda no deja de molestarme, voy a tener que hacerle justicia, no sea que con sus visitas me haga la vida imposible'".*

6 *Continuó el Señor: "Tengan en cuenta lo que dijo el juez injusto.* ***7*** *¿Acaso Dios no hará justicia a sus escogidos, que claman a él día y noche? ¿Se tardará mucho en responderles?* ***8*** *Les digo que sí les hará justicia, y sin demora. No obstante, cuando venga el Hijo del hombre, ¿encontrará fe en*

DEDIQUE UN TIEMPO HOY EN LA ORACIÓN AQUÍ HAY UN GRAN MODELO:

A Adoración (Diga a Dios lo que usted ama de Él.)

C Confesión (Confiese a Dios los pecados en su vida y cómo planea volverse / arrepentirse de ellos.)

A Acción de gracias (Agradezca a Dios por su perdón y por todas las bendiciones en su vida.)

S Súplica (Pida a Dios específicamente lo que necesita en su vida.)

Pida a Dios fuerza para superar este desafío. Pídale con denuedo que fortalezca su fe y que le ayude a compartirla con otros.

7/40

ADORA AL SEÑOR TU DIOS

LUCAS 4:8

Todos adoran a alguien o algo.

Crecí cerca de Memphis, Tennessee. Durante esos años, hubo un jugador de baloncesto conocido como "Penny" que iluminaba la NCAA con su talento en la Universidad Estatal de Memphis. De hecho, Anfernee "Penny" Hardaway era tan bueno que más tarde sería reclutado por la franquicia Orlando Magic y se uniría a Shaquille O'Neal.

Yo era un fanático de "Penny". Fui al campo de baloncesto que él tenía en Memphis. Una vez firmó una hoja de papel en blanco para mí y aprecié mucho ese papel. Tenía un lugar especial en mi habitación donde nadie podía verlo o tocarlo. Coleccioné sus tarjetas de baloncesto, colgué carteles de él en mi pared e incluso compré sus calzados de baloncesto conocidos como "Air Pennies". (Por cierto, siguen siendo el par de calzados de baloncesto más exclusivos que se hayan fabricado.)

No me di cuenta en ese momento, pero esencialmente adoraba a Penny. De hecho, pensé mucho más en él que en Aquel que lo creó. No me malinterprete: "Penny" tuvo una gran carrera en el baloncesto que solo terminó debido a una lesión, e incluso hoy en día, es conocido por su trabajo de caridad. Él tiene una gran reputación en Memphis y en todo el mundo del baloncesto. Pero tan bueno como él era, Anfernee Hardaway es solo un hombre, y un día morirá.

Como un niño, podemos entender este tipo de adoración y devoción a un héroe o estrella del deporte. Pero muchos de nosotros como adultos todavía luchamos por adorar a las cosas o personas equivocadas. Adoramos cosas que no durarán.

- Algunos adoramos a una persona.
- Algunos adoramos el dinero.
- Algunos adoramos cosas materiales.
- Algunos adoramos el sexo.
- Algunos adoramos a un partido político.
- Algunos adoramos nuestras carreras.

La definición de adoración es: *"El amor reverente y la devoción que se ofrece a una deidad, un ídolo o un objeto sagrado"*.[15] Muchas personas, incluso los cristianos, piensan que la adoración es un servicio de una hora o una hora y quince minutos más el domingo por la mañana. (¡Por favor, que no pase los 90 minutos!) Y se considera ese servicio adoración. Pero la adoración es mucho más que eso. **Dios no está confinado a un edificio o un marco de tiempo**, **y tampoco nuestra adoración**. La adoración describe quiénes somos cada día de la semana, es decir 24/7. Si ser adorador significa expresar reverencia y adoración por una deidad, ¿acaso no significa eso que estamos, o al menos podemos estar, rindiendo adoración en todo momento? Harold Best dice: *"No vamos a la iglesia para adorar, pero, ya en adoración, nos unimos a nuestros hermanos y hermanas para continuar las acciones que deberían ocurrir en privado, en familia o incluso en forma corporativa, durante toda la semana"*.[16]

Pablo expresa esta idea en Romanos 12: 1. El escribe: "Por lo tanto, hermanos, tomando en cuenta la misericordia de Dios, les ruego que cada uno de ustedes, en adoración espiritual, **ofrezca su cuerpo como sacrificio vivo, santo y agradable a Dios".** Él dice que toda nuestra vida es adoración ¡Cada vez que reflejamos el amor de Dios, adoramos! Martín Lutero dijo una vez: *"La adoración a Dios.... debe ser libre en la mesa, en las habitaciones privadas, en la planta baja, en la planta superior, en el hogar, en el extranjero, en todo lugar, por todos los pueblos, en todo tiempo".*[17]

Lo que todos dicen es que la adoración ocurre cuando estoy con otros y cuando estoy solo. Ya sea en público o en privado. La adoración ocurre cuando salgo con amigos y cuando estoy en el trabajo. Sucede cuando veo la televisión, cuando miro deportes y cuando estoy en línea. La adoración debe suceder en la iglesia con otros y en casa por mi cuenta. No importa dónde esté o lo que esté haciendo, tiene el potencial de atribuir valor, alabanza y gloria a Dios. Todo lo que usted hace podría ser un acto de adoración. ¡Considere su vida de esta manera y comenzará a afectar las decisiones cotidianas que tome! Muy pronto se preguntará: "Si adorara a Dios en este momento, ¿haría esto? ¿Iría aquí? ¿Compraría esto? ¿Qué haría yo aquí?" ¡Y si hace esas preguntas con más frecuencia, está en el camino correcto!

DIOS NO ESTÁ CONFINADO A UN EDIFICIO O A UN MARCO DE TIEMPO, Y TAMPOCO NUESTRA ADORACIÓN.

LECTURA BÍBLICA

Los Salmos son propicios para captar el corazón de la adoración. El salmo 96 es uno de mis favoritos.

SALMO 96

Canten al SEÑOR un cántico nuevo;
canten al SEÑOR, habitantes de toda la tierra.
2 *Canten al SEÑOR, alaben su nombre;*
anuncien día tras día su victoria.
3 *Proclamen su gloria entre las naciones,*
sus maravillas entre todos los pueblos.
4 *¡Grande es el SEÑOR y digno de alabanza,*
más temible que todos los dioses!
5 *Todos los dioses de las naciones no son nada,*
pero el SEÑOR ha creado los cielos.
6 *El esplendor y la majestad son sus heraldos;*
hay poder y belleza en su santuario.
7 *Tributen al SEÑOR, pueblos todos,*
tributen al SEÑOR la gloria y el poder.
8 *Tributen al SEÑOR la gloria que merece su nombre;*
traigan sus ofrendas y entren en sus atrios.
9 *Póstrense ante el SEÑOR en la majestad de su santuario;*
¡tiemble delante de él toda la tierra!
10 *Que se diga entre las naciones:*
"¡El SEÑOR es rey!"
Ha establecido el mundo con firmeza;
jamás será removido.
Él juzga a los pueblos con equidad.
11 *¡Alégrense los cielos, regocíjese la tierra!*
¡Brame el mar y todo lo que él contiene!
12 *¡Canten alegres los campos y todo lo que hay en ellos!*
¡Canten jubilosos todos los árboles del bosque!
13 *¡Canten delante del SEÑOR, que ya viene!*
¡Viene ya para juzgar la tierra!
Y juzgará al mundo con justicia,
y a los pueblos con fidelidad.

NUESTRA TERCERA DISCIPLINA...

ES ADORAR A DIOS. LAS PERSONAS ADORAN DE MANERA DIFERENTE, PERO LA MAYORIA PIENSA EN MÚSICA CUANDO PIENSA EN LA ADORACIÓN.

La música puede ayudar a entrar a la presencia de Dios y a sentir de una manera que de otra manera no lo percibiríamos. Su desafío para hoy es escuchar música de adoración. Aquí hay algunas maneras en que podría hacer esto:

1. Salga a caminar y escuche música de alabanza y adoración.
2. Apague su teléfono y computadora y con música de fondo lea algunos Salmos.
3. Escuche música de alabanza y adoración sin distraerse.
4. En lugar de escuchar acerca de política, deportes o las 40 mejores canciones, sintonice su estación de radio cristiana local durante sus viajes por la ciudad.

Si necesita ayuda para encontrar una excelente música de adoración cristiana, le recomendaría cualquiera de las siguientes: Elevation Worship, Hillsong Worship, Bethel Music, Jesus Culture y Passion.

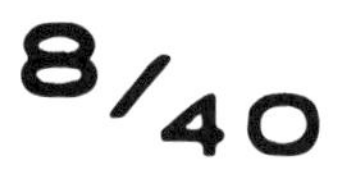

VENGAN CONMIGO USTEDES SOLOS A UN LUGAR TRANQUILO Y DESCANSEN UN POCO.

MARCOS 6:31

Michael Zigarelli, un profesor asociado de la Escuela de Negocios de Charleston Southern, realizó una encuesta a más de 20mil cristianos de todas las edades de 139 países sobre el ajetreo de sus vidas y cómo este afecta su relación con Dios.

Su informe nos dice lo obvio: ¡estamos ocupados! De hecho, casi el 60% de los cristianos de todo el mundo dicen que sus vidas agitadas les impiden pasar tiempo con Dios. Aún más interesante es muy probable que los pastores digan que a menudo o siempre pasan de una tarea a otra, ¡y superan a los dueños de negocios, abogados, maestros y vendedores!

Al escribir como pastor, Zigarelli dice: "Tal vez un estudio como este nos concientizará de esta realidad: Nosotros, de entre todas las personas, debemos encontrar una manera de poner al Señor por encima de cada necesidad urgente, cada cita urgente, cada persona desesperada."[18]

Probablemente usted no necesite estadísticas para decir que estamos ocupados. Es difícil para nosotros pasar un tiempo significativo con Dios.

Pero al llenar cada minuto del día en nuestra agenda, perdemos el enfoque. Nos ocupamos en cosas que no son esenciales y que simplemente no importan. Mi abuelo, que también es pastor, recientemente vio conmigo un partido de baloncesto en la televisión. Soy un gran fanático de los deportes y también lo era mi abuelo, pero con los años, su pasión por los deportes ha disminuido. Mientras estábamos viendo el juego me dijo: "Los deportes son interesantes, pero no importantes".

Me di cuenta de que yo pasaba mucho tiempo en cosas interesantes pero sin importancia. Puse mucha esperanza, tiempo, energía, dinero y pasión para seguir los deportes, pero siempre doy apoyo a los equipos que me decepcionan (¡soy un fanático de Cleveland, después de todo!).

En aquel momento me di cuenta de que también sigo muchas cosas importantes en este mundo, pero ellas también me decepcionarán. La familia, los amigos, el trabajo, la casa y el dinero son todos importantes, pero todos te decepcionarán en algún momento.

Algunos de ustedes tienen familias que terminaron en divorcio, o sus hijos se rebelaron contra la forma en que usted procuró criarlos. Quizás usted ha ayudado a sus amigos cuando le necesitaban, pero cuando usted los necesitó, no los pudo encontrar. Algunos de ustedes han perdido trabajos. Otros compraron una casa y no la pudieron conservar. O tal vez usted es como yo y compró una casa solo para venderla más tarde y perder gran cantidad de dinero. Hablando de dinero, este también tiene el potencial de defraudarlo. Muchos de ustedes experimentaron esto a principios del año 2000 con la recesión económica.

Mi punto es que Jesús quiere ser nuestra prioridad. Llenamos nuestra vida con cosas interesantes e incluso importantes, pero no apartamos tiempo para Jesús, que es lo más importante. **Tenemos que decir "no" a muchas cosas buenas, para poder decir "sí" a lo que es mejor**. Lo sorprendente es que gastamos tiempo, dinero y energía en cosas que nos decepcionarán, pero Jesús nunca nos fallará. Él nunca nos dejará ni nos abandonará. ¡Estamos enfocados en las cosas equivocadas!

Jesús quiere que le demos el lugar más importante en nuestra vida. De hecho, en Lucas 14 Él exige ser nuestra prioridad. Necesitamos ser más prudentes acerca de pasar tiempo de calidad con Dios, incluso en tiempos de soledad donde solo es Dios y nosotros. En sosiego, nos abstenemos deliberadamente de interactuar con otras personas y nos aislamos de otras distracciones.

Jesús modeló esto. Antes de tomar la difícil decisión de elegir a doce discípulos, la Biblia dice que subió a la montaña y oró toda la noche. Muchas veces Jesús buscó lugares para descansar y orar, que eran dos formas de estar a solas con Dios. Si Jesús necesitaba ese tiempo, ¡cuánto más nosotros! No solo nos beneficiamos de pasar tiempo a solas con Dios, sino que Él se complace cuando venimos a Él. Después de todo, Él nos creó para su placer. Siente gozo cuando le damos la prioridad. Pero al sacar a Dios de nuestra vida y damos lugar a otras cosas donde Él debería estar, hacemos lo opuesto a lo que Dios quiere. Esta es un área donde los cristianos realmente luchan. ¡Podemos mejorar esto!

NECESITAMOS
DECIR "NO"
A MUCHAS COSAS
BUENAS PARA
PODER DECIR "SÍ"
A LO QUE ES MEJOR.

Aquí Jesús nos dice que odiemos a nuestras familias. ¡Eso es incómodo! Su punto es que si usted quiere seguirlo, debe poner él primero. Jesús pide que usted dé todo lo que tiene a Él, así como él dio todo por nosotros.

LUCAS 14: 25-33

*Grandes multitudes seguían a Jesús, y él se volvió y les dijo: **26** "Si alguno viene a mí y no sacrifica el amor a su padre y a su madre, a su esposa y a sus hijos, a sus hermanos y a sus hermanas, y aun a su propia vida, no puede ser mi discípulo. **27** Y el que no carga su cruz y me sigue, no puede ser mi discípulo.*

***28** "Supongamos que alguno de ustedes quiere construir una torre. ¿Acaso no se sienta primero a calcular el costo, para ver si tiene suficiente dinero para terminarla? **29** Si echa los cimientos y no puede terminarla, todos los que la vean comenzarán a burlarse de él, **30** y dirán: "Este hombre ya no pudo terminar lo que comenzó a construir".*

***31** "O supongamos que un rey está a punto de ir a la guerra contra otro rey. ¿Acaso no se sienta primero a calcular si con diez mil hombres puede enfrentarse al que viene contra él con veinte mil? **32** Si no puede, enviará una delegación mientras el otro está todavía lejos, para pedir condiciones de paz. **33** De la misma manera, cualquiera de ustedes que no renuncie a todos sus bienes, no puede ser mi discípulo.*

PASE UN TIEMPO EN SOSIEGO HOY.

Lleve su Biblia con usted y apártese de todas las distracciones. Pruébelo durante 30 minutos y si puede, continúe un poco más.

9/40

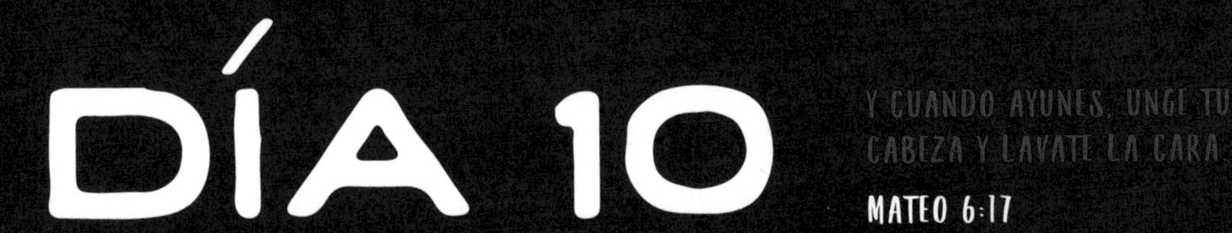

Un pastor dijo: *"Ahora es mi costumbre ayunar antes y durante mi predicación. Tengo un sentido más profundo de dependencia de Dios y del inmenso poder de la palabra hablada. La persona que dirige nuestro ministerio de grabaciones en mi congregación, ha comprobado esto. Ella dijo que desde enero de este año, los pedidos de las grabaciones de los sermones se han duplicado. 'No puedo explicarlo', dijo, 'pero sea lo que sea, ¡siga así!'"*[19]

¡Tendré que consultar con la señora que dirige mi "ministerio de grabaciones" para saber si el ayuno podría hacer alguna diferencia para mí!

Ayunar significa abstenerse de algo. De todas las disciplinas que analizamos esta semana, esta podría ser la más extraña para los que vivimos en Estados Unidos.

Una vez, un amigo mío ayunó la mega caja de palomitas de maíz en los cines durante los días de la Cuaresma (los cuarenta días antes de la Pascua). En realidad este no es el tipo de ayuno del que hablamos aquí. Aunque intentó convencerme que era un sacrificio, ¡no lo era! También, muchachos, si bien es tentador ayunar de lavar la ropa y las tareas domésticas, ¡tampoco hablamos de eso aquí!

El ayuno verdadero es abstenerse de algo importante en su vida, algo que cree que no puede privarse, algo que echará de menos. En esos momentos de deseo fuerte o falta ir ante Dios y expresarle sus pensamientos y también agradecerle por suplir sus necesidades. El hambre o la sensación de querer por lo que ayuna también le recuerda que Jesús debe ser su anhelo principal.

Jesús también nos dice al ayunar, no hacerlo para que otros nos reconozcan. Usted no ayuna para que otros digan: "Guau, esa persona es tan espiritual" o "¿viste que Bob renunció comer los alimentos durante una semana? Seguro que tiene una buena relación con Dios". No ayunamos por eso. **El ayuno** es algo que usted hace por su propia relación con Dios. Es un ejercicio, una disciplina, **que le acerca a Dios y le ayuda a darse cuenta cuanto Dios provee para usted**. Por esto Él dice que nos lavemos la cara cuando ayunamos. Los fariseos ayunaban y mudaban sus semblantes y lucir tristes, de modo que cuando alguien notara que algo estaba mal, podrían hablar sobre cómo ayunaban. Ayunaban para recibir atención, alabanza y gloria del hombre. Jesús no quiere que obremos así cuando nos llama a ayunar. Él quiere que podamos renunciar a algo importante y recordar que Él provee.

Es muy fácil quedar cautivado en este mundo con todas sus distracciones. Hay muchos días al llegar la noche y me doy cuenta de que "¡guau, no pasé tiempo con Dios hoy!" Estoy seguro de que no soy el único. Y cuando medito en mi día, todo parecía importante en ese momento, pero si soy honesto, sé que no importa lo ocupado creí estar, hubo momentos en el día que desperdicié o momentos que podría haber incluido a Dios.

El ayuno es una buena manera de recordar a Dios durante el día. Si ayuna de la comida, por ejemplo, tendrá hambre y recordará por qué no come ese día en particular. En ese momento, puede ir al Señor y agradecerle por proveer para usted.

En última instancia, Dios quiere nuestro corazón. Al ayunar, le entregamos nuestro corazón. Le decimos:, "Tú eres lo más importante en mi vida... todas estas otras cosas no tienen atractivo en comparación a ti. En ti encuentro todo lo que necesito en este mundo".

Muchas personas ayunan antes de tomar decisiones difíciles. Esta es una práctica muy piadosa. Si no está seguro de una decisión, el ayuno es una buena manera de despejar su mente de cosas mundanas y tal vez recibir claridad de Dios respecto a lo que lo llama a hacer.

Algunos optarían ayunar la comida. Para otros, podría ser un ayuno de la televisión, los videojuegos, su teléfono celular o Facebook. Puede que algunos de ustedes decidan ayunar por más de un día. Haga lo que haga, aproveche el tiempo que tiene para orar y estar abierto a lo que Dios quiera hacer en su vida.

EL AYUNO LE ACERCA A
DIOS Y LE AYUDA
A DARSE CUENTA
CUÁNTO
ÈL PROVEE
PARA USTED.

LECTURA BÍBLICA

¡Estos versículos mencionan el tipo de ayuno practicado por los fariseos y el tipo de ayuno que Dios quiere!

MATEO 6: 16-18

16 "Cuando ayunen, no pongan cara triste como hacen los hipócritas, que demudan sus rostros para mostrar que están ayunando. Les aseguro que estos ya han obtenido toda su recompensa. **17** *Pero tú, cuando ayunes, perfúmate la cabeza y lávate la cara* **18** *para que no sea evidente ante los demás que estás ayunando, sino solo ante tu Padre, que está en lo secreto; y tu Padre, que ve lo que se hace en secreto, te recompensará".*

HAGA UN AYUNO HOY.

Asegúrese de abstenerse de algo significativo para usted y no tenerlo marcará una diferencia notable en su vida. La mayoría elegirá ayunar la comida, pero también podría abstenerse de las redes sociales, su teléfono celular, sus videojuegos, su televisión, etc. Mientras ayuna y piensa en lo que se priva, aproveche esos momentos para orar y agradecer a Dios por su provisión en su vida.

10/40

COMAMOS Y CELEBREMOS
LUCAS 15:23

Esto es algo que puedo hacer: ¡comer y celebrar! ¡Este debería ser el verso de mi vida! Me encanta comer y me encanta celebrar. ¿A quién no le gusta una buena fiesta con buena comida? Entre toda la gracia, el perdón, el amor y la sanidad que vemos en la vida de Jesús, puede ser difícil para usted imaginar a Jesús decir una frase como esta. ¡Pero yo diría que comer y celebrar es la razón por la que Jesús vino! Sin embargo, antes de llegar a eso, es importante decir la verdad y entre los incrédulos, e incluso entre muchos cristianos, la percepción es que los seguidores actuales de Jesús no se divierten mucho. Mucha gente piensa que los cristianos son aburridos y nada interesantes.

¿Por qué esta percepción? Jesús habló mucho sobre la comida y mucho sobre la celebración. Este fue un tema constante para él. La celebración y la acción de gracias por todo lo que Dios ha hecho es una disciplina que debe ser parte de nuestra vida diaria.

Sin embargo, muchos creen que para seguir a Jesús, tienen que abandonar una vida de celebración. Creen que el cristianismo en general le restringe. De hecho, Emma Goldman dijo una vez que el cristianismo es *"el nivelador de la raza humana, el quebrantador de la voluntad del hombre para atreverse y hacer ... una red de hierro, una camisa de fuerza que no le permita expandirse o crecer"*.[20] Esa es una evaluación bastante ruda de los seguidores de Jesús y en nada suena como el verso de hoy que Jesús dijo.

Las personas de fuera opinan del cristianismo como un conjunto de reglas que dicen que debemos vivir de cierta manera, que debemos vestirnos de la misma manera y que "no debemos fumar, beber, bailar, o asociar con aquellos que lo hacen". Personalmente, creo que es triste que las personas perciban así a los cristianos y creo que es culpa nuestra por no vivir verdaderamente de la manera que Dios quiere. Juan 10:10 nos dice que Cristo vino a darnos vida abundante. ¡Muchas veces hacemos esta vida más aburrida que abundante!

En su libro *El evangelio de los andrajosos*, Brennan Manning cita a Robert Hotchkins de la Universidad de Chicago, quien dice: "Los cristianos deben celebrar constantemente. Debemos ocuparnos de fiestas, banquetes, y de gozar. Debemos entregarnos a verdaderas celebraciones de gozo porque fuimos liberados del miedo a la vida y del miedo a la muerte. **Debemos atraer a la gente a la iglesia literalmente por el regocijo de ser cristiano.**"[21]

Sé que si usted sigue a Jesús, su vida no siempre es fácil. A veces pasamos por tiempos realmente difíciles. De hecho, Jesús nos asegura que como sus seguidores debemos esperar persecución, sufrimiento y pruebas de todo tipo. Yo tampoco soy ajeno a eso. No necesitamos caminar alrededor con sonrisas falsas. Pero también es imperativo que cambiemos la percepción del mundo acerca de Cristo y sus seguidores. Si Cristo nos dio una vida abundante y si hemos recibido su gracia, entonces nuestra vida debería mostrarlo.

La realidad es que Cristo vino a liberarnos para llevar una vida emocionante, de aventura y plenitud. En Cristo, hemos recibido toda la gracia, la misericordia y la paz que podríamos desear o necesitar. A través del Espíritu Santo tenemos confianza, fortaleza y poder para hacer lo que otros no pueden. De hecho, si somos honestos, **Dios ya ha respondido todas las preguntas difíciles en esta vida al enviar a Jesucristo**. No importa lo que pase, incluso en los momentos difíciles, podemos tener una esperanza, un gozo y una paz que no tienen aquellos que no conocen a Cristo. ¿Por qué mostramos una vida con Cristo que no es alegre, festiva y, sobre todo maravillosa?

Recuerde que al final, después de regresar Jesús, estaremos con Él para siempre en el cielo. Apocalipsis 19: 9 nos dice que seremos ¡invitados a la fiesta de bodas de Jesucristo! Vamos a comer y celebrar para siempre en el cielo con nuestro Dios. ¿Por qué no practicar esta vida hoy?

Hoy quiero que celebre lo que Dios ha hecho por usted. ¡Quiero que hoy disfrute su vida con gozo y paz, porque eso es lo que Cristo preparó para usted! ¡Es tiempo de aceptar la vida que Cristo planeó para usted!

DEBEMOS ATRAER
A LA GENTE
A LA IGLESIA
LITERALMENTE
POR EL REGOCIJO
DE SER CRISTIANO.

Hay muchos salmos que expresan que tenemos gozo en el Señor. ¡El salmo 98 es un hermoso ejemplo!

SALMO 98

Canten al SEÑOR un cántico nuevo,
porque ha hecho maravillas.
Su diestra, su santo brazo,
ha alcanzado la victoria.
2 *El SEÑOR ha hecho gala de su triunfo;*
ha mostrado su justicia a las naciones.
3 *Se ha acordado de su amor y de su fidelidad*
por el pueblo de Israel;
¡todos los confines de la tierra son testigos
de la salvación de nuestro Dios!
4 *¡Aclamen alegres al SEÑOR, habitantes de toda la tierra!*
¡Prorrumpan en alegres cánticos y salmos!
5 *¡Canten salmos al SEÑOR al son del arpa,*
al son del arpa y de coros melodiosos!
6 *¡Aclamen alegres al SEÑOR, el Rey,*
al son de clarines y trompetas!
7 *¡Brame el mar y todo lo que él contiene;*
el mundo y todos sus habitantes!
8 *¡Batan palmas los ríos,*
y canten jubilosos todos los montes!
9 *Canten delante del SEÑOR,*
que ya viene a juzgar la tierra.
Y juzgará al mundo con justicia,
a los pueblos con equidad.

DIVIÉRTASE CON ESTO HOY.

Comience el día con celebración y agradecimiento a Dios por cinco cosas que ha hecho por usted. Si quiere seguir la celebración, organice una fiesta. ¡Reúnase con algunos amigos o vecinos y coman y celebren juntos!

11/40

DÍA 12

EL SÁBADO FUE HECHO PARA EL HOMBRE

MARCOS 2:27

El sábado es uno de los más malinterpretados entre los cristianos de hoy. Algunos cristianos durante una entrevista dirán: "Puedo trabajar cuando quiera". Otros dirán: "No los domingos es un factor decisivo. No puedo trabajar ese día". ¿Por qué algunos trabajan ese día y otros no? ¿Por qué el restaurante Chick-Fil-A deja de ganar más de 40 millones de dólares al año por cerrar los domingos mientras que casi todos los demás negocios permanecen abiertos?

La palabra sábado proviene del hebreo que significa "reposo". Fue utilizada por primera vez en Génesis 2 después de Dios crear el mundo. Dios creó el mundo en seis días y descansó en el séptimo día. ¿Por qué? ¿Estaba cansado? No, **Dios descansó porque valía la pena disfrutar de su creación**. Somos creados a semejanza de nuestro Creador, por lo que también creamos y descansamos. Trabajamos y jugamos. **Después de todo, si Dios toma un día para disfrutar de su creación, ¿no deberíamos hacerlo nosotros?**

¿Alguna vez ha cortado el césped? Aunque no haya sido divertido mientras lo cortaba, después se bañó, tomó un refresco y contempló el césped muy orgulloso de su trabajo. Así es el sábado: usted descansa y disfruta de lo que ha creado. Por eso Dios estableció el sábado. Fuimos creados para trabajar, pero también para descansar.

Dios instituyó el sábado como un regalo para los israelitas en el Antiguo Testamento. Dios dice: "Ustedes deberán observar mis sábados. En todas las generaciones venideras, el sábado será una señal entre ustedes y yo, para que sepan que yo, el Señor, los he consagrado para que me sirvan".[22] Esta era una manera en que la gente demostraría estar en relación con Dios. ¡Fue un gran problema! Las personas que quebrantaron el sábado o lo profanaron de alguna manera en realidad debían ser condenadas a muerte. ¡Eso es duro! Pero recuerde, el establecimiento del sábado siempre fue ser como un regalo: una oportunidad para descansar y disfrutar de la vida.

Sin embargo, cuando Jesús vino, los fariseos habían cambiado el sábado en lo que nunca debió ser. En su deseo de defender la ley, habían escrito capítulo tras capítulo acerca del significado de guardar el sábado. Estas fueron algunas de las reglas que propusieron:

- Solo se podía comer un huevo, que la gallina había puesto el sábado, si se la mataba para guardar el sábado.
- No estaba permitido usar dentadura postiza en el día de reposo (eso debe haber sido un éxito en los servicios de la sinagoga).
- Estaba bien escupir sobre una roca en el sábado, pero no podía escupir en el suelo, porque hacía barro, y se consideraba trabajo.[23]

Los fariseos transformaron el sábado en algo que nunca debió ser. Usted puede entender por qué los fariseos se molestaron con Jesús cuando dio la impresión "trabajar" en el día de reposo. Pero Jesús sabía el propósito verdadero del sábado. No se trataba de ser miserable y hacer nada. No era sentarse en casa y hacer absolutamente nada. Se trata de disfrutar lo que Dios ha creado y lo que usted ha producido a través de su trabajo.

Hoy, también extrañamos la gran idea del sábado. Trabajamos todo el tiempo porque disfrutamos lo que obtenemos de él: dinero, posesiones o estatus. Buscamos en nuestro trabajo las cosas que Dios promete dar.

En Romanos 14: 5-6, Pablo escribe: "Hay quien considera que un día tiene más importancia que otro, pero hay quien considera iguales todos los días. Cada uno debe estar firme en sus propias opiniones. El que le da importancia especial a cierto día, lo hace para el Señor. El que come de todo, come para el Señor, y lo demuestra dándole gracias a Dios; y el que no come, para el Señor se abstiene, y también da gracias a Dios."

Pablo podría haber dicho: "Así es exactamente cómo se debe guardar el sábado…". Pero no lo hace. Él dice respecto a este tema, usted solo tiene que estar convencido en su propia mente de que es correcto lo que hace. Pablo no dice que abandonemos la práctica del reposo, sino necesitamos ser flexibles en cómo la llevamos a cabo. Si usted descansa los domingos, excelente. Si es el sábado, excelente. Tal vez en una semana descansa un martes por la mañana con un jueves por la tarde y un viernes por la noche. Mientras su motivo es hacerlo para el Señor y disfrutar y descansar en su creación, entonces no importa cuando lo hace. Sólo asegúrese de hacerlo. **Cuanto más guardemos el sábado, más encontraremos la vida para la cual fuimos creados.**

SI DIOS SE TOMA UN DÍA PARA DISFRUTAR SU CREACIÓN, ¿NO DEBERÍAMOS NOSOTROS HACERLO TAMBIÉN?

LECTURA BÍBLICA

Aquí leemos la historia de Jesús que molesta a los fariseos en el día de reposo. Los discípulos de Jesús habían arrancado unas espigas de trigo y los fariseos lo acusaron de hacer algo ilegal.

MARCOS 2:25-27 3:1-6

__25__ Él les contestó: "¿Nunca han leído lo que hizo David en aquella ocasión, cuando él y sus compañeros tuvieron hambre y pasaron necesidad?
__26__ Entró en la casa de Dios cuando Abiatar era el sumo sacerdote, y comió los panes consagrados a Dios, que solo a los sacerdotes les es permitido comer. Y dio también a sus compañeros

__27__ El sábado se hizo para el hombre, y no el hombre para el sábado añadió.
__28__ Así que el Hijo del hombre es Señor incluso del sábado".

3:1-6 En otra ocasión entró en la sinagoga, y había allí un hombre que tenía la mano paralizada. __2__ Algunos que buscaban un motivo para acusar a Jesús no le quitaban la vista de encima para ver si sanaba al enfermo en sábado. __3__ Entonces Jesús le dijo al hombre de la mano paralizada: —Ponte de pie frente a todos.

__4__ Luego dijo a los otros: —¿Qué está permitido en sábado: hacer el bien o hacer el mal, salvar una vida o matar? Pero ellos permanecieron callados.

__5__ Jesús se les quedó mirando, enojado y entristecido por la dureza de su corazón, y le dijo al hombre:
—Extiende la mano. La extendió, y la mano le quedó restablecida. __6__ Tan pronto como salieron los fariseos, comenzaron a tramar con los herodianos cómo matar a Jesús.

¡TÓMESE UN DÍA LIBRE!

Aproveche este día para disfrutar lo que Dios le ha dado. Podría ser su fe, su familia o su casa. Además, ¿qué le gusta hacer? Pase algún tiempo de esparcimiento o averiguar un interés. Disfrute el día pero procure no ser muy legalista al respecto, y dedique un tiempo a leer su Biblia y orar. Si hoy no puede tomar el día libre, tómese uno de los siguientes siete. ¿Qué hizo? ¿Cómo descansó y disfrutó de este mundo?

12/40

DÍAS

13–19

DEL RETO DE LOS 40 DÍAS

SEMANA DE

PERD

ONAR

"MÁS BIEN, SEAN BONDADOSOS
Y COMPASIVOS UNOS CON OTROS
Y PERDÓNENSE MUTUAMENTE ASÍ COMO
DIOS LOS PERDONÓ A USTEDES EN CRISTO."

EFESIOS 4:32

Lo primero que dice Jesús al comenzar su ministerio es: "Arrepiéntanse y crean las buenas nuevas". Antes de Jesús servir, enseñar, predicar o sanar, primero invita a las personas a recibir la gracia que obtuvo para todos ellos. Y antes de comenzar a perdonar a otros y a servir, a dar y a ir, debemos entender las buenas nuevas de Jesucristo.

Tuve una semana muy dura a principios de este año. Iba conduciendo a casa con mis hijos y, de repente, vi las luces resplandecientes de una motocicleta detrás de mí. Nunca hay policías en mi vecindario, ¡así que esto fue una sorpresa! Me detuve y el policía pidió mi licencia y mi registro de vehículo. Estaba oscuro y era tarde, y yo tenía la esperanza de que el policía viera a mis hijos y entendiera que yo necesitaba llegar a casa y llevarlos a la cama. Pero no fue así. Me dio una multa por exceso de velocidad y mencionó que bajó de 12 millas por encima del límite de velocidad a 10 millas. Dije gracias, pero no estaba agradecido en mi corazón.

A la mañana siguiente, conducía nuestro otro automóvil al trabajo y fui detenido de nuevo en mi vecindario, ¡por el mismo policía! Bajé la ventanilla y él me dijo: "¿Usted otra vez?" Y yo dije: "¡Me alegro de verlo otra vez, oficial!" Aparentemente no me detuve completamente en una señal de parada. Me preguntó adónde iba de prisa y a qué haciéndome dedicaba. Le dije que era pastor y él me dijo: "Se da cuenta que ayer le di algo de gracia, ¿verdad?" Repliqué: "Sí", pero en mi corazón pensaba: "Oficial, no creo que usted entienda qué es gracia. La gracia es un regalo, gratuita, que se da a quien que no la merece, no un regalo parcial". Él volvió a su automóvil y comencé a orar: "Por favor, Dios, no otra multa. Realmente no quiero decir a mi esposa que recibí dos multas en menos de diez horas". Mi oración fue respondida porque me dieron dos multas, una por no parar en una señal de parada y otra por no tener un registro activo. En un período de diez horas me dieron tres multas. Yo estaba realmente decepcionado.

Me acerqué a uno de mis amigos que es abogado. Admití que yo era culpable, pero costaría mucho dinero y tampoco quería todos esos puntos en mi registro. Él dijo: "Dame las multas y yo me haré cargo". Le pregunté qué necesitaba hacer. Él respondió: "Nada, me encargaré de ello". No hice preguntas y no entendía bien el proceso. ¿Cómo vas a borrar mis multas cuando sé que soy culpable? Me alentó a dejar de hacer preguntas y le diera las multas. Dos meses después, el día de mi cita en la corte, me dijo que todo fue resuelto. No culpable. Sin multa. Hecho. El oficial ni siquiera se presentó. ¡Era culpable, y no obstante fui absuelto!

Esta es una imagen de la gracia de Dios para con nosotros. **Todos somos culpables, eso incluye a usted.** El apóstol Pablo dice en Romanos 3:10 que "no hay un solo justo, ni siquiera uno". A veces no creemos realmente que nuestro pecado es tan importante, pero todos hemos pecado.

Por otro lado, otros nos hundimos en nuestros errores y pensamos que estamos más allá del perdón. **Sin embargo, no importa cuán serio, grande o terrible es nuestro pecado, la gracia de Dios se extiende para cubrirlo.**

Dios, quien es nuestro Juez, dice que a pesar de su falta de fe, Él es fiel. A pesar de nuestra adicción, Jesús vino a liberarnos. A pesar del caos y la confusión de nuestras circunstancias, Él vino a traernos paz. Y como un juez, Él tiene el poder de anular nuestras objeciones. Incluso cuando nuestro corazón se opone y dice nunca seríamos perdonados, Dios dice: "La objeción prevalece", porque la sangre de su hijo Jesús tiene suficiente poder, es pura y fuerte para cubrir todos sus pecados.

Somos culpables y, sin embargo, por la gracia de Cristo somos libres. ¡Por tanto, esa libertad influye en la forma que perduramos el resto de nuestra vida!

Antes de poder perdonar a otros, primero debemos pasar un par de días para darnos cuenta de que personalmente necesitamos el perdón de Cristo tanto como cualquier otra persona. ¡Gracias, Jesús, por la gracia que ofreces a todos!

NO IMPORTA
CUAN SERIO,
GRANDE O TERRIBLE
ES SU PECADO,
LA GRACIA DE DIOS
SE EXTIENDE PARA
CUBRIRLO.

¡Esta historia nos recuerda que nadie está fuera del alcance de Jesucristo! Saulo fue un político influyente que aprobó los asesinatos de muchos seguidores de Jesús. Este sría el candidato menos probable para recibir la gracia de Dios. Pero en el camino a Damasco, para Saulo perseguir a más cristianos, una luz lo cegó y se produjo esta conversación:

HECHOS 9: 4-9, 15-19

4 Él cayó al suelo y oyó una voz que le decía: —Saulo, Saulo, ¿por qué me persigues

5 —¿Quién eres, Señor? —preguntó

*—Yo soy Jesús, a quien tú persigues —le contestó la voz. **6** Levántate y entra en la ciudad, que allí se te dirá lo que tienes que hacer*

*7 Los hombres que viajaban con Saulo se detuvieron atónitos, porque oían la voz, pero no veían a nadie. **8** Saulo se levantó del suelo, pero cuando abrió los ojos no podía ver, así que lo tomaron de la mano y lo llevaron a Damasco. **9** Estuvo ciego tres días, sin comer ni beber nada.*

Dios entonces habla a uno de sus profetas

Le dice que vaya a orar por Saulo para que recobre la vista. Ananías está confundido, por todo lo que había oído hablar de Saulo.

***15**— ¡Ve! —insistió el Señor—, porque ese hombre es mi instrumento escogido para dar a conocer mi nombre tanto a las naciones y a sus reyes como al pueblo de Israel. **16** Yo le mostraré cuánto tendrá que padecer por mi nombre.*

***17** Ananías se fue y, cuando llegó a la casa, le impuso las manos a Saulo y le dijo: "Hermano Saulo, el Señor Jesús, que se te apareció en el camino, me ha enviado para que recobres la vista y seas lleno del Espíritu Santo". **18** Al instante cayó de los ojos de Saulo algo como escamas, y recobró la vista. Se levantó y fue bautizado; **19** y, habiendo*

DESAFÍO Y REFLEXIÓN

AL EMPEZAR NUESTRA SEMANA DE PERDONAR...

PROCUREMOS SEGUIR LAS PALABRAS EXACTAS DE JESÚS: ARREPIENTANSE Y CREAN EN EL EVANGELIO.

Arrepentirse significa que verdaderamente lamentamos y estamos listos para apartarnos de nuestro pecado. Al arrepentimos y reconocer que somos pecadores, también recibimos y creemos las buenas nuevas que hay gracia en Jesucristo por nosotros.

El arrepentimiento no es hacer una oración solo una vez. Es una práctica cotidiana. Si está listo para arrepentirse y ser perdonado, repita esta oración:

Querido Señor Jesús, sé que soy un pecador y te pido perdón. Creo que has muerto por mis pecados y resucitado de entre los muertos. Me aparto de mis pecados y te invito a entrar en mi corazón y ser parte de mi vida. Quiero confiar en ti y ser tu seguidor como mi Señor y Salvador. En tu nombre. Amén.

Si esa fue la primera vez que elevó esa oración, envíenos un correo electrónico a **hello@redletterchallenge.com** y déjenos saber. ¡Nos encantaría enviarle GRATIS algunos recursos en línea!

13/40

Para mostrar la impactante naturaleza de la gracia, vamos a ver una historia en Juan 8. Necesitará leer ahora la historia bíblica para comprender mejor el contexto de nuestra devoción de hoy.

JUAN 7: 53, 8: 2-11A

53 Entonces todos se fueron a casa. Pero Jesus se fue al monte de los Olivos.

***2** Al amanecer se presentó de nuevo en el templo. Toda la gente se le acercó, y él se sentó a enseñarles. **3** Los maestros de la ley y los fariseos llevaron entonces a una mujer sorprendida en adulterio, y poniéndola en medio del grupo **4** le dijeron a Jesús: —Maestro, a esta mujer se le ha sorprendido en el acto mismo de adulterio. **5** En la ley Moisés nos ordenó apedrear a tales mujeres. ¿Tú qué dices? **6** Con esta pregunta le estaban tendiendo una trampa, para tener de qué acusarlo.*

*Pero Jesús se inclinó y con el dedo comenzó a escribir en el suelo. **7** Y, como ellos lo acosaban a preguntas, Jesús se incorporó y les dijo: —Aquel de ustedes que esté libre de pecado, que tire la primera piedra. **8** E inclinándose de nuevo, siguió escribiendo en el suelo.*

***9** Al oír esto, se fueron retirando uno tras otro, comenzando por los más viejos, hasta dejar a Jesús solo con la mujer, que aún seguía allí. **10** Entonces él se incorporó y le preguntó:*

—Mujer, ¿dónde están? ¿Ya nadie te condena? ***11*** *—Nadie, Señor. —Tampoco yo te condeno.*

Los fariseos habían pasado meses tramando el plan perfecto para atrapar a Jesús. Este era el momento que esperaban. "Jesús", dijeron, "la ley dice que esta mujer debe ser apedreada. ¿Tú qué dices?"

Esta es una pregunta difícil. Ellos lo sorprendieron en una contradicción frente a sus discípulos. Si responde: "Sí, apedréenla", eso parece ir en contra de todo lo que ha estado enseñando. Pero si dice: "No, no la apedreen", parece contradecir su moral. Es una pregunta difícil. **Pero Dios puede responder a preguntas difíciles**. Estos hipócritas astutos no fueron competencia para Jesús.

Antes de Jesús contestar, se inclina y escribe en la tierra con el dedo. Así que siguieron con las preguntas. Y finalmente, Jesús les responde: "Aquel de ustedes que esté libre de pecado, que tire la primera piedra".

La multitud queda en silencio. De alguna manera, Jesús salió airoso de esta situación. De nuevo, siguió escribiendo en el suelo nuevamente en el suelo y toda la gente comienza a retirarse.

Los estudiosos han debatido la escritura de Jesús en el suelo. Algunos piensan que Jesús se puso a escribir un verso de la Biblia. Estoy seguro de que Jesús conocía a algunos de ellos, ¿verdad? Otros piensan que escribía algunos de los mandamientos. Otros sugieren que comenzó a escribir el nombre de las personas de pie en ese círculo, con piedras en las manos y citaba sus pecados. La Biblia dice que los más viejos se fueron primero. ¿Por qué? Porque tenían la lista más larga, ¿verdad? En cierto sentido, Jesús dice: "¿Quieren hablar de inmundicia? Hablemos de inmundicia. Yo sé algunas cosas sobre ustedes".

La realidad es que solo queda una persona sin pecado, y es Jesús. ¿Qué va a hacer Él?

A veces la gente tiene la impresión de que Dios procura atraparnos o está enojado con nosotros. Incluso se ha sabido que los cristianos promueven esta forma de pensar. De hecho, si tuviera que mirar a todos los carteles cristianos, pensaría que Dios odia a alguien como yo. No querría ir a la iglesia o acercarme a Él, porque castigaría a una persona como yo. No me gustaría ir a la iglesia o el techo caería sobre mí por todo lo malo que he hecho.

Pero nuestro Dios no es así. Juan 3:17 dice que "Jesús no vino para condenar al mundo, sino para salvar al mundo".

Jesús pudo haber recogido una piedra y tirarla contra esta mujer. Habría sido justificado según la ley. Pero en esta historia, los ojos de Jesús no están enfocados en encontrar una piedra. En cambio, sus ojos están llenos de misericordia y amor por esta mujer. Jesús no comenzó por acusarla, y tampoco va a comenzar por acusar a usted.

El diablo tratará de acusarle. Él le lanzará sus piedras y le recordará lo que ha dicho y hecho y dejado de hacer. **El problema es que muchos pasamos más tiempo escuchando las acusaciones del enemigo que la verdad del Evangelio**.

El único que podría tirar una piedra ni siquiera cogió una. Al contrario, Jesús bajó a la tierra por ella, y bajó a la tierra por usted. Él perdonó mis pecados.

Él ha limpiado mi pasado. Él me vistió con su justicia. Por sus llagas soy sanado.

Dios no teme al pasado de usted. Él no tiene miedo de dónde ha estado y en compañía de quién ha andado. Dios le ama por quien usted es. Le recibirá tal como es. Algunos de ustedes piensan que son muy sucios para acercarse a Dios. Al morir Jesucristo en la cruz, **murió por todos los pecados de cada hombre y mujer que ha vivido, vive y vivirá.**

¡Usted ha sido perdonado! Y como personas perdonadas, debemos imitar a Jesús. Si Jesús no levantó la piedra contra nosotros, de la misma manera no debemos levantar piedras contra otros. Estamos aquí para ayudar a anunciar la salvación a otros y no para condenar.

Eche su piedra por los demás y por usted mismo.

¿Puede usted perdonar a los demás? ¿Puede perdonar a sí mismo? ¿Todavía se aferra a lo que ha hecho? Si cree que su pecado es muy grande para que Dios lo perdone, en realidad está menospreciando el poder de la cruz. Jesús vino a buscar y salvar a los perdidos, y eso incluye a todos.

ESTE ES EL DÍA PARA DEJAR CAER NUESTRAS PIEDRAS.

La mayoría de nosotros tenemos ciertos pecados que realmente nos molestan. ¿Qué pecados usted pone por encima del resto? Escriba esos pecados en el dibujo de las piedras en la página siguiente y ore para poder ver a todas las personas, sin importar cuáles son sus pecados, como postulantes para recibir la gracia de Jesucristo.

14/40

NO JUZGEN
MATEO 7:1

Si me pide describir a Dios, pienso en la gracia. El Evangelio es las Buenas Nuevas de Jesucristo que vino a dar a todos su gracia, y por su gracia somos salvos.

La gracia es un don gratuito de Dios. La gracia de Dios proviene de la cruz donde Jesús llevó nuestro pecado sobre sí mismo. Este don de gracia nos llama a llevar una vida como Jesús.

Si la gracia es obtener algo que no merecemos, lo contrario sería obtener algo que usted merece, y eso se llama juicio. Y la iglesia es conocida por ser crítica. Esta es una de las primeras palabras que muchos usan para describir a la iglesia.

Si Dios es conocido por la gracia, ¿no debería la iglesia ser conocida por la gracia? Entonces, ¿por qué los seguidores de Jesús son conocidos exactamente por lo contrario?

Eso me frustra y entristece. ¿Cómo podría la iglesia ser conocida en el mundo por ser exactamente lo opuesto al Dios que adora?

Se dice que el versículo bíblico más citado hoy no es Juan 3:16. Es Mateo 7: 1: "No juzguen a nadie, para que nadie los juzgue a ustedes".[24]

Los no creyentes temen entrar por las puertas de nuestras iglesias o estar alrededor de los "cristianos" porque temen de lo que pensemos sobre ellas.

Recuerdo un comercial de varios años atrás. Un hombre prepara la cena. Corta verduras con un cuchillo grande mientras la salsa de tomate hierve a fuego lento en la estufa. Un gato blanco tira la cacerola de salsa al suelo y crea un desorden. Justo cuando el hombre levanta a su gato salpicado de tomate, su esposa abre la puerta. Ella ve que él sostiene un gato, que gotea salsa roja, en una mano y un cuchillo grande en la otra.

Las cosas no siempre son como parecen.

Hace unos años, un empleado de una tienda de comestibles escribió a Ann Landers, una famosa columnista consejera. Ella dijo que había visto a personas comprar alimentos "de lujo", como pasteles de cumpleaños y camarones, con cupones para alimentos. La escritora opinaba que las personas que reciben asistencia social que compraba tales cosas innecesarias eran "perezosas y derrochadoras".

Unas semanas más tarde apareció lo siguiente en la columna de Ann Landers:

"Soy la mujer que compró el pastel de 17 dólares y lo pagué con cupones para alimentos. Pensé que la mujer en la tienda me mataría con la mirada. Pero ella no sabía que el pastel era para el cumpleaños de mi niña. Va a ser el último para ella. Ella tiene cáncer de huesos y probablemente morirá en seis u ocho meses".

Nunca se sabe que problemas tienen otras personas.

Justo después de ese versículo en Mateo 7, Jesús dice: "¿Por qué te fijas en la astilla que tiene tu hermano en el ojo, y no le das importancia a la viga que está en el tuyo?"[25]

Este es uno de los dichos más sarcásticos de Jesús. ¡Y me encanta!

Si tiene un insecto en el ojo, es una gran molestia. Su vista se vuelve borrosa y el ojo empieza a picar.

Ahora imagine realmente tener una viga en el ojo. Si usted sufre a causa de un insecto, ¡imagine tener una viga! Todos la verían. Tropezaría contra las personas. ¡Perderías la vista en ese ojo! ¿Acaso no haría todo lo que pudiera para sacarla? Removerla sería el enfoque de cada uno de sus pensamientos. Lo que Jesús enseña es que usted tiene la oportunidad, a través de la gracia que Jesús adquirió para usted, de llevar una vida sin esa viga, ¡y en cambio usted está preocupado por una astilla en el ojo de otra persona!

En lugar de ver todo lo malo con todos los demás, Dios nos da la oportunidad de amar a las personas. Él ha quitado la viga de usted por la sangre preciosa de Jesús y le da la oportunidad de compartir esa Buena Nueva con todos los demás.

¿Qué pasaría si, en lugar de juzgar a las personas, la iglesia fuera conocida por abrazar a las personas tal como son? ¿Qué pasaría si dejáramos de intentar cambiar a la gente y simplemente las aceptamos? ¿Qué pasaría si recordáramos que es obra del Espíritu Santo cambiarlas, y no la nuestra?

No es su trabajo juzgar a otras personas o la astilla en el ojo ajeno. ¡Su trabajo es amar a las personas de la misma manera que Dios ama a usted!

SI DIOS ES CONOCIDO
POR SU GRACIA
¿CÓMO PODEMOS
NOSOTROS, SUS
SEGUIDORES,
SER CONOCIDOS
POR JUZGAR,
QUE ES PRECISAMENTE
LO OPUESTO?

Aquí está la cita en el contexto de la enseñanza de Jesús.

MATEO 7: 1-5

"No juzguen a nadie, para que nadie los juzgue a ustedes. **2** *Porque tal como juzguen se les juzgará, y con la medida que midan a otros, se les medirá a ustedes.* **3** *"¿Por qué te fijas en la astilla que tiene tu hermano en el ojo, y no le das importancia a la viga que está en el tuyo?* **4** *¿Cómo puedes decirle a tu hermano: "Déjame sacarte la astilla del ojo", cuando ahí tienes una viga en el tuyo?* **5** *¡Hipócrita!, saca primero la viga de tu propio ojo, y entonces verás con claridad para sacar la astilla del ojo de tu hermano.*

CLAVE UNA VIGA EN SU OJO

Y CAMINE CON ELLA HOY PARA VER CÓMO REACCIONA LA GENTE ¡ES UNA BROMA! QUIERO QUE HOY HAGA DOS COSAS:

1. Agradezca a Dios por la oportunidad de llevar una vida sin recibir el juicio que merecemos.

2. Escriba el nombre de los individuos o grupos de personas a los que posiblemente ha juzgado incorrectamente en el pasado y pida perdón a Dios.

15/40

DÍA 16

SEAN COMPASIVOS
LUCAS 6:36

Hoy, Jesús nos pide que seamos compasivos, así como el Padre es compasivo con nosotros. Por cierto no estamos en una cultura donde se practica muy a menudo la compasión. La definición de compasión es "misericordia o perdón que muestra hacia alguien quien tiene el poder de castigar o hacer daño".[26] No obstante, si somos honestos, muchas veces no queremos mostrar compasión o perdón. Preferimos vengarnos.

Anhelamos equidad e igualdad. Nos gusta la teoría de "ojo por ojo" y "diente por diente". Si toma en cuenta los programas de televisión o las películas que vemos, ¡el tema de la venganza está en todos! De hecho, no hace mucho tiempo hubo un nuevo programa en la televisión llamado "Venganza". El guion del programa centra en una joven que es bienvenida en una comunidad llena de personas que no saben que ella solo está allí para vengarse de los que habían destruido a su familia. Toda su vida enfoca en la venganza. Innumerables películas tratan acerca de la venganza, también: El conde de Montecristo, Karate Kid, Gladiador, Viviendo con mi ex, Chicas Pesadas, Payback, Kill Bill, Hombre en llamas y Búsqueda implacable, ¡solo por nombrar algunas!

Hay dos enfoques para la venganza actualmente:

1. Enfoque directo: El enfoque directo es: "Me haces algo malo, y yo te haré algo malo". Si me haces algo malo, te daré un puñetazo en la cara, te dispararé, te heriré, o si es una película realmente buena, haré todo lo que dije.

2. Enfoque indirecto: El enfoque indirecto es: "Me haces algo malo, y voy a vivir mi vida tan bien que, en comparación conmigo, la gente se reirá de ti". Este tipo de venganza se pronuncia a menudo en las reuniones de escuela secundaria. Alguien se burló de usted o le acosó en la escuela secundaria, y ahora quiere volver a la reunión y mostrarles qué tan grande es usted ahora.

Pero tenemos un Dios que no obra de esta manera. Él perdona una y otra vez, y llama a todos sus discípulos a hacer lo mismo. Nos perdona cada vez que venimos ante él. **Hay misericordia interminable para nosotros en Jesús.**

A menudo escucho las palabras gracia y misericordia que son usadas como sinónimas la una con la otra. Están cerca pero no son idénticas. **Recibir gracia es recibir un regalo que no se merece. Recibir misericordia es no recibir algo que merece.** He escuchado la palabra gracia resumida como "las riquezas de Dios a expensas de Cristo". Gracia es la vida eterna que tenemos con Dios a pesar de no haberla ganado con nuestras propias obras. Es un regalo y no lo merecemos. Entonces, en esencia, el don de la gracia de Dios resulta en una entrada al cielo para los que creen.

La misericordia, por otro lado, es no tener que soportar el castigo que todos merecemos. Todos hemos fallado y estamos privados de la gloria de Dios y merecemos la muerte y las consecuencias del infierno. **Dios tiene todo el derecho de castigarnos o hacernos daño. Tiene todo el derecho de echarnos a donde merecemos, pero en cambio, muestra misericordia a nosotros.** Si gracia significa conceder el cielo, misericordia significa perdón para no ir al "infierno". Otro ejemplo de misericordia sería si yo quebranto la ley o me atrapan por conducir a alta velocidad y el oficial de policía no me obliga a pagar por ello. Tiene misericordia de mí y me perdona la multa.

Estoy agradecido de que tenemos un Dios no vengativo, sino lleno de misericordia. Solo por su misericordia somos salvos de enfrentar el castigo final en el infierno. Ahora Dios nos llama a ser como Él, a dejar de lado lo que otra persona merece y, en cambio, mostrar misericordia. A través del perdón y la compasión las personas llegan a conocer a Jesús. ¡Usted puede ser la persona que otorga ese perdón y compasión a otros en su vida hoy!

Gracia + Misericordia

DIOS TIENE TODO EL DERECHO DE CASTIGARNOS O HACERNOS DAÑO. TIENE TODO EL DERECHO DE ECHARNOS DONDE MERECEMOS PERO, EN CAMBIO, TUVO MISERICORDIA DE NOSOTROS.

Si se nos ha perdonado millones, ¿cómo no podríamos perdonar miles? Recibimos misericordia por nuestro pecado y Cristo también nos llama a perdonar a otros.

MATEO 18: 21-35

21 *Pedro se acercó a Jesús y le preguntó: —Señor, ¿cuántas veces tengo que perdonar a mi hermano que peca contra mí? ¿Hasta siete veces?* ***22*** *—No te digo que hasta siete veces, sino hasta setenta y siete veces —le contestó Jesús—.* ***23*** *"Por eso el reino de los cielos se parece a un rey que quiso ajustar cuentas con sus siervos.* ***24*** *Al comenzar a hacerlo, se le presentó uno que le debía miles y miles de monedas de oro.* ***25*** *Como él no tenía con qué pagar, el señor mandó que lo vendieran a él, a su esposa y a sus hijos, y todo lo que tenía, para así saldar la deuda.*

26 *El siervo se postró delante de él. "Tenga paciencia conmigo —le rogó—, y se lo pagaré todo".* ***27*** *El señor se compadeció de su siervo, le perdonó la deuda y lo dejó en libertad.*

28 *"Al salir, aquel siervo se encontró con uno de sus compañeros que le debía cien monedas de plata. Lo agarró por el cuello*

29 *Su compañero se postró delante de él. "Ten paciencia conmigo —le rogó—, y te lo pagaré".*

30 *Pero él se negó. Más bien fue y lo hizo meter en la cárcel hasta que pagara la deuda.* ***31*** *Cuando los demás siervos vieron lo ocurrido, se entristecieron mucho y fueron a contarle a su señor todo lo que había sucedido.*

32 *Entonces el señor mandó llamar al siervo. "¡Siervo malvado! —le increpó—. Te perdoné toda aquella deuda porque me lo suplicaste.* ***33*** *¿No debías tú también haberte compadecido de tu compañero, así como yo me compadecí de ti?"*
34 *Y, enojado, su señor lo entregó a los carceleros para que lo torturaran hasta que pagara todo lo que debía.*

35 *"Así también mi Padre celestial los tratará a ustedes, a menos que cada uno perdone de corazón a su hermano".*

SER INTENCIONAL PARA MOSTRAR MISERICORDIA A ALGUIEN HOY.

Quizás pueda liberar a alguien si le debe un favor o algo de dinero. Si no tiene la oportunidad hoy, esté atento para mostrar clemencia en algún momento de esta semana.

16/40

Esta cita de Jesús es uno de los desafíos más difíciles. Es muy difícil perdonar a otras personas. Pero tanto peor es seguir sujeto a las cosas que nos impiden ser quien Dios nos ha creado.

Perdonar significa soltar algo y entregar a Dios porque usted cree que Él ejecutará mejor justicia que usted. Es contrario a vengarse. Jesús menciona el perdón a menudo, y lo practica. Jesús sigue este camino de perdón hasta la cruz, e incluso desde la cruz perdona a los que lo herían de muerte. "Al orar Jesús perdón por sus enemigos mientras era le clavan las manos, aplicó su propio sermón y así validó su derecho a predicarlo".[27] Si realmente queremos seguir a Jesús, debemos perdonar.

Ninguna cosa hay que se haga a nosotros o en contra de nosotros que no podamos perdonar.

Al menos eso es lo que decimos. Pero ¿qué pasa con esta situación?

Simon Wiesenthal era un judío austriaco encarcelado en un campo de concentración nazi. Él Trabajó en un hospital donde un joven soldado alemán llamado Karl Seidl estaba a punto de morir. La última petición de Seidl fue hablar con un judío. Karl tenía una herida mortal y quería hacer una confesión antes de partir. Durante varias horas, derramo lo que había en su corazón y cuan arrepentido estaba de todas las cosas que había hecho. Él menciona a las personas que mató, y Simon conoce que algunas de las víctimas son su familia y amigos.

DEVOCIONAL

Después de horas de confesar, Seidl preguntó si Wiesenthal podía perdonarlo. En su libro *The Sunflower [Los límites del perdón]*, Wiesenthal pregunta:

"¿Debería haberle perdonado? ¿Era mi silencio al lado de la cama del moribundo nazi correcto o incorrecto? Esta es una profunda pregunta moral que desafía la conciencia del lector de este episodio, así como una vez desafió mi corazón y mi mente... Por supuesto, el centro del asunto es la cuestión del perdón. Olvidar es algo que solo el tiempo se ocupa, pero el perdón es un acto de voluntad, y solo el afectado está calificado para tomar la decisión. Usted, que acaba de leer este episodio triste y trágico de mi vida, puede mentalmente ocupar mi lugar y hacer la pregunta decisiva: '¿Qué yo habría hecho?'"[28].

El resto de su libro incluye 53 diferentes pensadores prominentes que analizan si debe perdonarlo. De entre los autores, 28 dijeron que el perdón no es posible, 16 que sí, y nueve no estaban seguros. ¿Cómo respondería?

Como seguidores de Jesús debemos perdonar, pero incluso ¿en esta situación? O, ¿es esta una excepción a la regla? ¿Hay un límite para perdonar? Todos podemos identificarnos con esta pregunta porque todos fuimos perjudicados por alguien.

En Mateo 18, Pedro pregunta a Jesús cuántas veces debemos perdonar a una persona. ¿Debemos perdonar siete veces? Jesús le responde: "No te digo que hasta siete veces, sino hasta setenta y siete veces".

Pedro buscaba un límite. Pensó que era generoso al sugerir siete veces, porque la Ley solo requería tres. Pero la respuesta de Jesús era extrema. Otras traducciones dicen setenta veces siete. Todos los eruditos creen que de cualquier manera, Jesús hablaba literalmente. En cambio, estos números sugieren un número ilimitado en el perdón. Debido a que los números setenta y siete significan perfección y terminación, sugieren que nunca debemos poner un límite para perdonar a alguien.

Mi historia favorita de perdón es cuando Jesús perdona a Pedro por negarlo tres veces. Pedro era uno de los mejores amigos de Jesús y lo decepcionó en el momento en que Jesús más lo necesitaba. Sin embargo, Jesús perdona a Pedro tres veces por su negación de él y vuelve a encargarle la tarea más importante: ¡Ser líder de la primera iglesia! Una cosa es perdonar, ¡pero otra es confiar completamente en alguien y darle la mayor responsabilidad en el mundo!

Dios nos mostró su esencia al morir Jesús por todos nuestros pecados. Ahora Jesús nos llama a ser como Él. Perdonar a alguien no solo es bueno para esa persona, sino también para usted. Cuando usted perdona se vuelve más como Cristo.

NADA HAY QUE
SE DIGA O HAGA
CONTRA NOSOTROS
QUE NO SE PUEDA
PERDONAR.

En Juan 18: 15-18, Pedro niega tres veces a Jesús. Luego, en Juan 21, después de resucitar de entre los muertos, Jesús se reúne con Pedro nuevamente. ¡En lugar de reprenderlo, Jesús perdona a Pedro y le encarga la tarea de ser el líder de la iglesia!

JUAN 21: 15-19

15 *Cuando terminaron de desayunar, Jesús le preguntó a Simón Pedro: —Simón, hijo de Juan, ¿me amas más que estos? —Sí, Señor, tú sabes que te quiero —contestó Pedro. —Apacienta mis corderos —le dijo Jesús.* ***16*** *Y volvió a preguntarle: —Simón, hijo de Juan, ¿me amas? —Sí, Señor, tú sabes que te quiero. —Cuida de mis ovejas.* ***17*** *Por tercera vez Jesús le preguntó: —Simón, hijo de Juan, ¿me quieres? A Pedro le dolió que por tercera vez Jesús le hubiera preguntado: "¿Me quieres?" Así que le dijo: —Señor, tú lo sabes todo; tú sabes que te quiero.*
—Apacienta mis ovejas —le dijo Jesús—. ***18*** *De veras te aseguro que cuando eras más joven te vestías tú mismo e ibas adonde querías; pero, cuando seas viejo, extenderás las manos y otro te vestirá y te llevará adonde no quieras ir.* ***19*** *Esto dijo Jesús para dar a entender la clase de muerte con que Pedro glorificaría a Dios. Después de eso añadió: — ¡Sígueme!*

SI TODAVÍA NO HA PERDONADO AL QUE LE HA HECHO MAL.

Ore a Dios que le ayude a perdonar a esa persona. Después de orar, si puede ser de beneficio, contacte al que le ha hecho mal y perdone a esa persona.

17/40

Tal vez has escuchado esta frase: "No odies a tus enemigos; sino ora por tus enemigos porque es una manera pasiva-agresiva y los hará enojar". Si bien es gracioso, no por eso oramos o amamos a nuestros enemigos. No lo hacemos para que se sientan peor. Lo hacemos porque queremos vivir como Jesús. Jesús nos llama a un estilo de vida que puede ser inexplicable para el resto del mundo. Es extraño decir: "Voy a amar a mis enemigos y oraré por ellos". ¡Es incluso más extraño realmente hacerlo! El mundo dice que odiemos a nuestros enemigos o que nos venguemos de ellos. Jesús nos llama a hacer lo contrario.

Durante mi estudio en el seminario, tuve la bendición de dirigir un ministerio en la Universidad de Saint Louis. Realizábamos los servicios de adoración los sábados por la noche y una vez prediqué un sermón del cual realmente me gustaba. Teníamos la casa llena, gran energía y me apasionaba mi tema. Cinco profesores diferentes de seminario estaban allí. No era inusual que asistieran un profesor o dos, pero esto era un poco más de lo normal. Yo estaba orgulloso porque sabía que acababa de predicar uno de mis mejores sermones. ¡O al menos eso pensé!

Dos semanas después, mi supervisor me llamó a su oficina y uno de los profesores que había asistido a la reunión estaba allí para hablarme sobre mi sermón. Pensé: "Genial, seguro le ha gustado mucho". Tal vez él quiere que lo predique en otro lugar".

Pero no fue así. Mientras hablamos, criticó mi teología, afirmó que no expresaba Evangelio en él, y describió mi "actuación" narcisista. Él creía que yo no era apto para ser pastor y me exigió que tomara una clase adicional en el seminario de Ley y Evangelio.

Después de nuestra conversación, pensé que todo se resolvería. Pero no fue así. Este profesor quería hacer de mí un ejemplo. Mis otros profesores dijeron que yo debía cooperar y no darle mucha importancia. Pero guardé rencor contra este profesor durante mucho tiempo. No entendía por qué trataba que mi vida y mi experiencia en el seminario fueran tan miserables. No entendía la razón, y para ser honesto, todavía no la entiendo.

¿Es este el hombre por quien Jesús quiere que ore?

Quizá usted tiene enemigos en su vida. Algunos de ellos pueden ser mucho más serios de lo que acabo de describir. Y quizás se pregunte: "¿Por qué Jesús quiere que ore por mis enemigos?"

En Cristo, no debemos procurar venganza ni sentir amargura. Debemos ser personas que perdonan. Al guardar rencor o buscar venganza, no se actúa como Cristo. No digo que sea fácil, o que no tendrá que luchar contra ciertas cosas, pero en última instancia, Dios quiere que tengamos un corazón perdonador. Y si usted puede orar por sus enemigos, está en el camino correcto.

Una y otra vez, Jesús oró por sus enemigos. Incluso elevó una oración durante su crucifixión: "Padre, perdónalos, porque no saben lo que hacen". En medio de la muerte y la traición, Jesús aún oró por sus enemigos ¡Eso es fantástico! Y si usted no cree que sea posible para nosotros hacer lo mismo, mire al apóstol Esteban. Su historia está en Hechos, capítulos 6 y 7. Después de Esteban testificar del amor y la gracia de Jesús por el mundo, la multitud lo apedrea a muerte. Antes de morir, cae de rodillas y exclama: "Señor, no les tomes en cuenta este pecado".

Sé que es difícil orar por los enemigos. Usted necesitará la fuerza y el poder del Espíritu Santo para poder hacerlo. Si le resulta difícil orar por sus enemigos, ¡invite al Espíritu Santo a su corazón hoy!

EN CRISTO,
NO DEBEMOS
PROCURAR VENGANZA
NI SENTIR AMARGURA.

#REDLETTERCHALLENGE

Note en este pasaje cómo Esteban, al igual que Jesús, tuvo el poder de orar por sus enemigos en medio de su muerte.

HECHOS 7:54-60

__54__ Al oír esto, rechinando los dientes montaron en cólera contra él. __55__ Pero Esteban, lleno del Espíritu Santo, fijó la mirada en el cielo y vio la gloria de Dios, y a Jesús de pie a la derecha de Dios.

__56__ —¡Veo el cielo abierto —exclamó—, y al Hijo del hombre de pie a la derecha de Dios!

__57__ Entonces ellos, gritando a voz en cuello, se taparon los oídos y todos a una se abalanzaron sobre él, __58__ lo sacaron a empellones fuera de la ciudad y comenzaron a apedrearlo. Los acusadores le encargaron sus mantos a un joven llamado Saulo.

__59__ Mientras lo apedreaban, Esteban oraba. —Señor Jesús —decía—, recibe mi espíritu. __60__ Luego cayó de rodillas y gritó: —¡Señor, no les tomes en cuenta este pecado! Cuando hubo dicho esto, murió.

ORE POR LOS QUE LE HAN HECHO DAÑO,

Abusado de usted, o se han convertido en sus enemigos. Hacer esto no es, pero Dios lo usará para transformar su corazón.

18/40

DÍA 19

VETE, Y NO VUELVAS A PECAR
JUAN 8:11

En esta semana de perdón, tuvimos el coraje de reconocer que somos pecadores, echamos nuestras piedras de juicio, hemos perdonado a nosotros mismos, hemos perdonado a otros, e incluso orado por nuestros enemigos. Ha habido una progresión real esta semana, y todo esto nos recuerda la cita de hoy: "Vete, y no vuelvas a pecar".

Al principio de esta semana, escuchamos la historia de la mujer adúltera a quien Jesús perdonó. Después de perdonarla y liberarla, Jesús le mandó dejar su vida de pecado.

Dios ama tal como usted es, pero le ama tanto para no dejarlo como está. Creo que al encontrarnos con Dios y su gracia, no debemos seguir igual. Al pasar más tiempo con Jesús, más queremos ser como Él y dejar pasada manera de vivir.

Hay una historia asombrosa de cómo la gracia y el perdón de Dios cambiaron a una persona, un recaudador de impuestos llamado Zaqueo. Para terminar nuestra devoción del día, primero leamos su historia:

DIOS AMA
TAL COMO USTED
ES PERO LE AMA
TANTO PARA
NO DEJARLE
COMO ESTÁ.

LECTURA BÍBLICA

LUCAS 19:1-10

Jesús llegó a Jericó y comenzó a cruzar la ciudad. ***2*** *Resulta que había allí un hombre llamado Zaqueo, jefe de los recaudadores de impuestos, que era muy rico.* ***3*** *Estaba tratando de ver quién era Jesús, pero la multitud se lo impedía, pues era de baja estatura.* ***4*** *Por eso se adelantó corriendo y se subió a un árbol sicómoro para poder verlo, ya que Jesús iba a pasar por allí.*

5 *Llegando al lugar, Jesús miró hacia arriba y le dijo: —Zaqueo, baja en seguida. Tengo que quedarme hoy en tu casa.* ***6*** *Así que se apresuró a bajar y, muy contento, recibió a Jesús en su casa.*

7 *Al ver esto, todos empezaron a murmurar: "Ha ido a hospedarse con un pecador".*

8 *Pero Zaqueo dijo resueltamente: —Mira, Señor: Ahora mismo voy a dar a los pobres la mitad de mis bienes y, si en algo he defraudado a alguien, le devolveré cuatro veces la cantidad que sea.*

9 *—Hoy ha llegado la salvación a esta casa —le dijo Jesús—, ya que este también es hijo de Abraham.* ***10*** *Porque el Hijo del hombre vino a buscar y a*

Si creció en la iglesia, es probable ha escuchado la letra de la canción: "Zaqueo era un hombre pequeñito, un hombre pequeñito era él. Subió a un árbol sicómoro para ver a su Señor... Porque Zaqueo era "un hombre pequeñito", muchos de nosotros subestimamos su influencia y poder.

Los recaudadores de impuestos eran detestadas porque eran estafadores y traidores. Como estafadores ganaban dinero recaudando más impuestos de los contribuyentes y se quedaban ese dinero. La mayoría de los recaudadores eran ricos. Se les consideraba traidores porque su país estaba bajo el yugo extranjero y trabajaban para los dominadores. Por esta razón entendemos el desprecio y el rechazo de quienes los rodeaban.

Zaqueo no era solo un recaudador de impuestos regular, sino un recaudador de impuestos principal, así que tenía un equipo de recaudadores a su cargo y él se beneficiaba con un porcentaje de todo el dinero que ganaban por engañar a otros. Zaqueo estaba en la cima de este gran engaño. El Zaqueo de los días de Jesús se compara al estafador Bernie Madoff de nuestros días. Durante muchos años, Bernie defraudó a muchas personas, quienes cayeron en bancarrota e hizo muchos enemigos. Probablemente era más rico de los ricos, y todos conocían a Zaqueo.

Pero por alguna razón, Zaqueo quiere ver a Jesús. Y aún más importante, Jesús quiere conocer a Zaqueo. Cuando se encuentran, Jesús inmediatamente se hace amigo de Zaqueo y comienza una relación con él. Lo que me encanta de esta historia es cuán rápido cambia la vida de Zaqueo.

Cuando la gracia de Jesús toca su vida, provoca un cambio. Dios no quiere que espere al margen solo calentando la banca. Él le quiere que participe. Jesús no obliga a Zaqueo a cambiar, sino Zaqueo inmediatamente decide dar la mitad de sus posesiones a los pobres y devolver a cualquiera que haya perjudicado con una cantidad cuatro veces mayor. ¡Eso es una digna restitución!

Aquí estaba un hombre idólatra del dinero y el poder y aprovechador de sus vecinos. Pero cuando Jesús llama a Zaqueo, su vida cambia para siempre.

Zaqueo no dijo esto para ser aceptado por Dios; no lo dijo para ser amado por Dios. Lo dijo porque había sido aceptado, amado y perdonado por Dios. Cuando una persona cambia sinceramente lo que piensa hacia su corazón, hay cambio verdadero. No es un negocio como de costumbre. El verdadero arrepentimiento dice antes solía golpear a los prisioneros, pero ahora curo con ternura esas heridas. El verdadero arrepentimiento dice que una vez solía engañar financieramente a las personas, y ahora les pago con intereses. El verdadero arrepentimiento dice antes solía engañar en los negocios, pero ahora vivo con integridad. El verdadero arrepentimiento dice antes solía descuidar mis votos matrimoniales, pero ahora soy fiel hasta que la muerte nos separe.

Una vez que Dios ocupa su vida, es mi oración que usted nunca vuelva a ser igual. Oro para que ya no luche con los pecados de su pasado y que, en cambio, Dios use su dolor para ser su plataforma. Por esta razón la mayoría de las personas, que hoy están en el ministerio de recuperación, en algún momento lucharon contra la adicción en el pasado. La mayoría de los terapeutas pasaron por la terapia. Si está luchando con un pecado en particular, Dios le ha dado el perdón y el poder para vencerlo. Mi oración es que usted pueda dejar esa vida de pecado y permitir que Dios le use para ayudar a alguien más.

SI ESTÁ LUCHANDO CON UN PECADO EN PARTICULAR,

escriba cómo lo superará y cómo puede ayudar a otros que quizás luchan contra un pecado similar.

19/40

SEMANA DE

SER

PORQUE SOMOS HECHURA SUYA
CREADOS EN CRISTO JESÚS PARA
BUENAS OBRAS

EFESIOS 2:10

"¡Porque yo lo digo!" ¿Cuántos recordamos esas palabras de nuestros padres? ¡Es una de esas declaraciones que usted detesta escuchar cuando todavía era un niño! Por otro lado, como padre, le encanta esta frase porque no tiene mucho que explicar. Mi esposa y yo usamos bastante esta frase en estos días porque tenemos un niño de cinco años, y un pequeño de cinco años hace muchas preguntas. A veces, si realmente se deja llevar por las preguntas, llegará a un punto donde no sabrá la respuesta y se verá obligado a decir: "Porque yo lo digo".

Hoy quiero hablar sobre la motivación de embarcamos en este viaje juntos. Hasta ahora hemos pasado una semana con Cristo y una semana para comprender cómo Cristo nos ha perdonado y cómo debemos perdonar a otros. Ahora, al pasar a una semana de servicio, habrá mucho por "hacer". Y quiero recordarle que no es que Dios dice "haz esto" y "haz eso" que aceptamos un reto como este. Tener una relación con Dios no es marcar una casilla que dice "hice esto" o "hice eso" o "mire cuán grande soy". ¡Mi relación con Dios tiene que ver con recibir su amor y su gracia y sentir que ese amor y gracia me conmueve tanto que no puedo evitar querer hacer lo que Dios me pide hacer!

No apretamos los dientes ni pisoteamos y decimos: "Bien, haré lo que Dios quiere que haga". No, hacemos lo que Dios quiere porque lo amamos y creemos que por seguirlo recibiremos la vida eterna.

Cuanto más hacemos lo que Él pide que hagamos, más encontramos la vida abundante para la que fuimos creados. De hecho, toda la motivación del Reto de las Palabras en Rojo proviene del hecho de que Dios me amó primero y **¡estoy tan impactado por su amor que quiero hacer algo al respecto!**

¿Alguna vez alguien ha hecho algo tan bueno por usted que no puede evitar querer pagarle?

Nuestras acciones fluyen de nuestro corazón.

Sus acciones importan. Por esto Santiago, el hermano de Jesús, dijo: "La fe sin obras es estéril". Una cosa es decir "te quiero", pero otra cosa es demostrarla.

En Mateo 22: 36-39, —*Maestro, ¿cuál es el mandamiento más importante de la ley?* ***37*** *—"Ama al Señor tu Dios con todo tu corazón, con todo tu ser y con toda tu mente" —le respondió Jesús—.* ***38*** *Este es el primero y el más importante de los mandamientos.* ***39*** *El segundo se parece a este: "Ama a tu prójimo como a ti mismo".*

Sobre todo seguimos a Jesús y acatamos sus mandamientos porque amamos a Dios y queremos que otros también reciban ese amor. Cuando amamos los unos a los otros, todos podrán ver a Dios en y a través de nosotros. Jesús dijo en Juan 13:35: "De este modo, todos sabrán que son mis discípulos, si se aman los unos a los otros".

Todos los mandamientos y todo lo que haremos en este desafío se basa en el amor, porque a través de nuestro amor, otros pueden ser guiados a creer en Jesús. No aceptamos este desafío porque Jesús dice que tenemos que hacerlo. Aceptamos este desafío porque Dios así lo quiere. Él pide que hagamos.

Escuché a Bill Hybels, pastor de la Iglesia Comunitaria de Willow Creek, predicar con el acrónimo "PTLDLH" que significa: "Porque tú lo dices, lo haré". Esta es la frase que el discípulo Pedro hizo eco cuando Jesús le pidió que echara las redes en las aguas profundas, aunque había estado pescando muchas horas pero sin resultados. Estoy seguro de que Pedro realmente no quería hacer esto. Pero debido a que Jesús lo dijo, y porque Pedro confiaba en él, Pedro fue guiado a decir: "Porque tú lo dices, lo haré".

Esa es la clave. Todos estos desafíos vienen directamente de la Biblia. Son las palabras de Dios para nosotros hoy. Y por ser la palabra de Dios y porque lo amamos, podemos adoptar una actitud de "PTLDLH". Incluso cuando es difícil. Incluso cuando no lo entendemos. Incluso cuando es incómodo. ¡PTLDLH!

PTLDLH:
PORQUE TÚ LO DICES LO HARÉ.

#REDLETTERCHALLENGE

LECTURA BÍBLICA

Hoy hablamos de la historia por la respuesta "PTLDLH" de Simón Pedro. Él era un pescador y había estado trabajando toda la noche y nada habían pescado. Y Jesús, carpintero de oficio, le da consejos de pesca. ¿Cómo habría respondido si fuera Pedro?

LUCAS 5:4-11

Cuando acabó de hablar, le dijo a Simón: —Lleva la barca hacia aguas más profundas, y echen allí las redes para pescar.

5 —Maestro, hemos estado trabajando duro toda la noche y no hemos pescado nada —le contestó Simón—. Pero, como tú me lo mandas, echaré las redes.

6 Así lo hicieron, y recogieron una cantidad tan grande de peces que las redes se les rompían.

7 Entonces llamaron por señas a sus compañeros de la otra barca para que los ayudaran. Ellos se acercaron y llenaron tanto las dos barcas que comenzaron a hundirse.

8 Al ver esto, Simón Pedro cayó de rodillas delante de Jesús y le dijo:

—¡Apártate de mí, Señor; soy un pecador! 9 Es que él y todos sus compañeros estaban asombrados ante la pesca que habían hecho, 10 como también lo estaban Jacobo y Juan, hijos de Zebedeo, que eran socios de Simón.

—No temas; desde ahora serás pescador de hombres —le dijo Jesús a Simón. 11 Así que llevaron las barcas a tierra y, dejándolo todo, siguieron a Jesús.

¡ORE POR UNA ACTITUD "PTLDLH" PARA ESTE DESAFÍO!

Ponga notas por toda la casa con el acrónimo "PTLDLH" para recordar este desafío durante todo el día.

SI ALGUNO QUIERE SER EL PRIMERO, QUE SEA EL ÚLTIMO DE TODOS Y EL SERVIDOR DE TODOS.

MARCOS 9:35

Póngase en mi lugar. Está en un retiro de quinto grado en la iglesia con algunos de sus amigos. La cena ha terminado y el momento del postre está por servirse. Sabe que el postre de esta noche son sándwiches de helado, algo que le gusta mucho. Para evitar el caos total, el pastor de jóvenes sugiere que todos reciban alfabéticamente, uno por uno, su sándwich de helado. Esto realmente no suena divertido ni justo para usted, ya que su apellido comienza con una "Z". Así que finalmente, después de que Thomson, Weber y Younghouse recibieran sus sándwiches de helado, es su turno. Se acerca y la joven del otro lado del mostrador dice amablemente: "Lo siento, pero se acabó el helado. Parece que no compramos suficiente". Oh, qué pena. ¿Acaso no lo siente? ¿Acaso no es difícil estar en mi lugar?

Quédese en mi lugar, porque la próxima noche escucha rumores de que trajeron de nuevo los sándwiches de helado para el postre. Finalmente, creo que recibiré mi sándwich de helado y ¡habrá paz en la tierra otra vez! De hecho, voy a pedir dos porque ayer no me dieron uno. Entonces, nuevamente para mantener un poco de paz en el campamento, el pastor de jóvenes hace que todos formen fila, pero esta vez lo cambia así que se alinean alfabéticamente por el nombre de pila. ¡Oh, genial! Una vez más, detrás de la línea. Finalmente, después de que Tom y Will obtengan sus postres, es su turno. Se acerca de nuevo a la misma joven extiende las manos y justo antes de pedir dos, ella dice: "Oh, Zach, lo siento mucho, pero parece que otra vez no tenemos suficiente. El próximo año pediré que envíen más". ¿El próximo año? ¡Ni siquiera estaré aquí el año que viene! Nadie que lea esto sabe cómo es vivir con una Doble Z. ¡Es atroz!

Siempre es el último en recibir, no alcanza a recibir el postre y es elegido último en numerosas ocasiones.

¡Por eso esta cita de Jesús es mi favorita de todas! Porque finalmente, ¡seré el primero! Espero que sepa que estoy bromeando (más o menos). Jesús nos llama a ser los últimos y no los primeros. Esto no es lo que escuchamos en nuestro mundo de hoy. Nos enseñan a promocionarnos a nosotros mismos y a dar prioridad a nuestras propias necesidades. Nos enseñan a cuidarnos a nosotros mismos y buscar el "primer lugar". Pero Jesús nos dice lo contrario. **En la cultura contraria del reino de Jesús, los benditos son los que sirven a los demás y ponen a los demás primero**. Una y otra vez, Jesús habla acerca de ser un siervo, practicar la humildad, ser manso y hacer cosas a favor de los demás. Jesús no solo habló de servir a los demás, él lo hizo.

Algunos de mis versos favoritos que describen a Cristo como un siervo se encuentran en Filipenses 2: 5-11, que dice:

> *La actitud de ustedes debe ser como la de Cristo Jesús,*
>
> *quien, siendo por naturaleza Dios, no consideró el ser igual a*
>
> *Dios como algo a qué aferrarse. Por el contrario,*
>
> *se rebajó voluntariamente, tomando la naturaleza de siervo y*
>
> *haciéndose semejante a los seres humanos.*
>
> *Y, al manifestarse como hombre, se humilló a sí mismo*

y se hizo obediente hasta la muerte, ¡y muerte de cruz!

Por eso Dios lo exaltó hasta lo sumo y le otorgó el nombre que está sobre todo nombre,

para que ante el nombre de Jesús se doble toda rodilla en el cielo y en la tierra y debajo de la

tierra, y toda lengua confiese que Jesucristo es el Señor, para gloria de Dios Padre.

Haremos mucho servicio esta semana. Quizás nada nos conecte más con el ministerio de Cristo que salir y servir.

EN LA CULTURA CONTRARIA DEL REINO DE JESÚS, LOS BENDITOS SON LOS QUE SIRVEN A LOS DEMÁS Y PONEN A LOS DEMÁS PRIMERO.

Uno de los mejores ejemplos de siervos de la Biblia fue el primo de Jesús, llamado Juan el Bautista. Él vino con una instrucción muy clara: "Preparar el camino del Señor". Se hizo muy popular y la gente vino de lugares remotos para verlo. Pero en lugar de dejar que el éxito lo enorgulleciera, Juan siempre señalaba a Jesús.

JUAN 3: 22-30

__22__ Después de esto Jesús fue con sus discípulos a la región de Judea. Allí pasó algún tiempo con ellos, y bautizaba. __23__ También Juan estaba bautizando en Enón, cerca de Salín, porque allí había mucha agua. Así que la gente iba para ser bautizada. __24__ (Esto sucedió antes de que encarcelaran a Juan). __25__ Se entabló entonces una discusión entre los discípulos de Juan y un judío en torno a los ritos de purificación. __26__ Aquellos fueron a ver a Juan y le dijeron: —Rabí, fíjate, el que estaba contigo al otro lado del Jordán, y de quien tú diste testimonio, ahora está bautizando, y todos acuden a él.

__27__ —Nadie puede recibir nada a menos que Dios se lo conceda —les respondió Juan—. __28__ Ustedes me son testigos de que dije: "Yo no soy el Cristo, sino que he sido enviado delante de él". __29__ El que tiene a la novia es el novio. Pero el amigo del novio, que está a su lado y lo escucha, se llena de alegría cuando oye la voz del novio. Esa es la alegría que me inunda. __30__ A él le toca crecer, y a mí menguar.

DESAFÍO Y REFLEXIÓN

ENCUENTRE UNA MANERA HOY DE DAR PRIORIDAD A LAS NECESIDADES DE ALGUIEN ANTES QUE LAS SUYAS.

21/40

CUANDO HAGAS BANQUETE, INVITA A LOS POBRES, A LOS INVÁLIDOS, A LOS COJOS, ETC.

LUCAS 14:13

El contexto de nuestros pasajes de hoy es de Lucas 14: 12-14:

También dijo Jesús al que lo había invitado: —Cuando des una comida o una cena, no invites a tus amigos, ni a tus hermanos, ni a tus parientes, ni a tus vecinos ricos; no sea que ellos, a su vez, te inviten y así seas recompensado. Más bien, cuando des un banquete, invita a los pobres, a los inválidos, a los cojos y a los ciegos. Entonces serás dichoso, pues aunque ellos no tienen con qué recompensarte, serás recompensado en la resurrección de los justos.

Hoy quiero enfocarme en las personas que Dios nos llama a servir. Es muy fácil servir a los buenos amigos o familiares. Es muy fácil servir a las personas en su vida que están bien conectadas y podrían ayudarlo a tener más éxito. Es mucho más difícil servir a aquellos que nunca podrán ofrecerle algo.

La familia de mi esposa invita regularmente a personas sin familia a unirse a ellos en días festivos. Muchas veces, para el 4 de julio, la Pascua o el Día de Acción de Gracias, invitan a algunos estudiantes de intercambio a comer y celebrar con ellos. Realmente los respeto por hacer esto. (No solo escribo esto porque sé que leerán y obtendré puntos, aunque eso es una buena ventaja). Respeto lo que hacen porque es muy probable que no reciban nada a cambio de muchos de los que invitan.

Muchas veces servimos y esperamos recibir algo a cambio. Pero Dios quiere que sencillamente sirvamos y no esperar nada en este mundo. Él dice que no nos preocupemos por las recompensas que recibiremos en este momento, sino en cambio, él dice que recibiremos una compensación cuando Cristo regrese.

Sin embargo, es muy difícil esperar, ¿verdad? Todos nos hemos depravado con la mentalidad: "Lo quiero ahora, tengo que tenerlo ahora". Si usted es un buen amigo y yo le enviara un mensaje de texto, espero ver una respuesta relativamente rápida en mi teléfono. Si veo una película en Netflix, no quiero que demore en subir, lo quiero ahora. Si miro mi programa favorito, no quiero esperar hasta La próxima semana para el siguiente episodio, quiero ver la temporada completa. Si hago un pedido con mi teléfono en Amazon, quiero que me envíen gratis y que llegue en dos días. Sería aún mejor si pudiera estar aquí ahora. En la universidad de Virginia Tech, puede pedir al restaurante Chipotle desde su dormitorio y recibirá por un drone en menos de 30 minutos. ¿Qué le parece eso?

Hemos estado tan condicionados a querer cosas ahora que para muchos es realmente difícil pensar en el mañana. Es difícil imaginar las recompensas que nos esperan en el cielo. ¡Queremos todo ahora, incluyendo nuestras recompensas!

Lo sorprendente de Jesús es que las personas a las que vino a servir lo decepcionaron continuamente. Jesús no esperó a que tuviéramos todo en orden antes de servirnos. En cambio, dio su vida por nosotros mientras aún éramos un desastre. Romanos 5: 8 dice: "Pero **Dios demuestra su amor por nosotros en esto: en que cuando todavía éramos pecadores, Cristo murió por nosotros".**

No merezco lo que Cristo ha hecho por mí. Jesús me ha servido y no soy digno de ser servido. Continuamente lo decepciono con mis pensamientos, palabras y hechos. Y sin embargo, Él me sirve.

Cuando me cuesta servir a las personas que no me ayudan a salir adelante en este mundo, recuerdo que Jesús se humillo a sí mismo para salvarme. Él no me necesita para nada. No puedo ayudarlo a subir ninguna escalera corporativa. Él no necesita mis conexiones. No me va a pedir ayuda en una crisis financiera.

Es importante que recordemos que no servimos para obtener algo. **Servimos porque queremos ser más como Jesús.**

SERVIMOS
PORQUE
QUEREMOS
SER MÁS COMO
JESÚS.

#REDLETTERCHALLENGE

En esta historia, Jesús cena antes de su crucifixión. La noche antes de dar su vida, Jesús sirve a sus discípulos lavándoles los pies. Lo sorprendente es que incluso lava los pies de Judas Iscariote, el discípulo que lo traicionaría. Jesús prueba que no solo servimos a aquellos de quienes algún día nos beneficiaremos, sino también a aquellos de quienes nada esperamos. Iniciamos la historia mientras Jesús lava los pies de Simón Pedro.

JUAN 13: 6-17

6 Cuando llegó a Simón Pedro, este le dijo: —¿Y tú, Señor, me vas a lavar los pies a mí?

7 —Ahora no entiendes lo que estoy haciendo —le respondió Jesús—, pero lo entenderás más tarde.

8 —¡No! —protestó Pedro—. ¡Jamás me lavarás los pies! —Si no te los lavo, no tendrás parte conmigo. 9 —Entonces, Señor, ¡no solo los pies, sino también las manos y la cabeza!

10 —El que ya se ha bañado no necesita lavarse más que los pies —le contestó Jesús—; pues ya todo su cuerpo está limpio. Y ustedes ya están limpios, aunque no todos. 11 Jesús sabía quién lo iba a traicionar, y por eso dijo que no todos estaban limpios

12 Cuando terminó de lavarles los pies, se puso el manto y volvió a su lugar. Entonces les dijo: —¿Entienden lo que he hecho con ustedes? 13 Ustedes me llaman Maestro y Señor, y dicen bien, porque lo soy. 14 Pues, si yo, el Señor y el Maestro, les he lavado los pies, también ustedes deben lavarse los pies los unos a los otros. 15 Les he puesto el ejemplo, para que hagan lo mismo que yo he hecho con ustedes. 16 Ciertamente les aseguro que ningún siervo es más que su amo, y ningún mensajero es más que el que lo envió. 17 ¿Entienden esto? Dichosos serán si lo ponen en práctica.

EL DESAFÍO DE HOY ES SERVIR A ALGUIEN QUE NADA PODRÁ DARLE A CAMBIO.

Tal vez usted tomará las palabras de Jesús literalmente y organizará una comida para un grupo de personas que realmente necesitaría una buena comida. Si eso es muy incómodo, tal vez podría formar equipo con su grupo pequeño o miembros de su iglesia y ofrecer una comida gratis a su comunidad en un parque local.

22/40

DÍA 23

AMA A TU PRÓJIMO COMO A TI MISMO
MATEO 22:39

Seamos honestos: hay algunos vecinos raros y frustrantes. Algunos son muy ruidosos, otros muy sucios, otros desatienden sus patios, otros permiten que sus hijos hagan lo que quieran, otros tienen muchos gatos que nos desagradan y otros incluso ¡aprovechan nuestras señales de Internet sin permiso!

Cuando Jesús dice: "Ama a tu prójimo como a ti mismo", naturalmente surge la pregunta: "¿Quién es nuestro prójimo?" Un judío, experto en la ley hizo esa misma pregunta a Jesús. Él quería saber a quién se consideraba su vecino, de este modo sabría a quién debía ayudar y a quién no ayudar.

Jesús continuó con el relato de esta historia conocida como El buen samaritano, un hombre que le quitaron la ropa, le golpearon y fue abandonado a un lado del camino, ensangrentado y necesitado de ayuda. Dos personas consideradas justas (que serían sacerdotes o pastores hoy) pasan al lado de este hombre y nada hacen. Después pasó un tercer hombre. Este era un samaritano, es decir que era de la ciudad hostil del hombre golpeado. Ve a su adversario en necesidad y cuida de él. Jesús esencialmente nos dice que cualquiera en necesitad es nuestro prójimo. Un "vecino" no necesariamente son las personas que viven al lado de nosotros, aunque también son vecinos. Un vecino es cualquier persona con quien está en contacto.

Seamos honestos... la mayoría de las veces no pasamos por una carretera y vemos a alguien cubierto en sangre que necesita nuestra ayuda. De hecho, el ejemplo más común de la historia moderna del "Buen Samaritano" podría ser ayudar a alguien estacionado a un lado de la carretera con el vehículo descompuesto. A menudo me siento culpable por pasar de largo a personas en esta situación, pero la realidad es que yo sería una de las últimas personas que ellas esperan les ayude, ¡porque no sé nada acerca de mecánica de vehículos! Básicamente, nada tengo que ofrecerles, excepto el apoyo moral y el asesoramiento pastoral sobre las frustraciones de sufrir problemas mecánicos. Tal vez solo estoy tratando de sentirme bien con esta situación, pero creo que Jesús quiere decirnos que ayudemos a un vecino necesitado y si legítimamente podemos ayudar, entonces, por supuesto, hagamos todo lo posible. Use sus dones y talentos para el beneficio de su prójimo.

Podemos quejarnos de nuestros vecinos y, a veces, puede ser difícil amarlos. Pero Dios puede despreciarnos y decir lo mismo de nosotros. A veces pensamos: "¿Por qué estas personas actúan de esta manera? son desordenadas, no quieren escuchar, no me tienen en cuenta, no aprecian las cosas que les he dado". Debe ser difícil para Dios amarnos. Dios pudo mirar desde arriba y decir: "He terminado con ellos". En cambio, **Dios miró desde arriba y dijo: "Necesitan mi ayuda".** ¡Nos ama tanto que envió a Jesús a morir en la cruz por nosotros y pagar el precio por los pecados que cometemos! A través de Su muerte y resurrección, todos los que creen en él reciben la vida eterna cuando mueren, y la vida eterna ahora al participar y trabajar con él para extender su reino en este mundo.

Mientras continuamos nuestra semana de servicio, recordemos servir a aquellos que son nuestros vecinos.

Esta es la historia del Buen Samaritano. En ella, Jesús nos dice que toda persona es nuestro prójimo y debemos ayudar a cualquier persona necesitada.

LUCAS 10: 25-37

__25__ En esto se presentó un experto en la ley y, para poner a prueba a Jesús, le hizo esta pregunta:
—Maestro, ¿qué tengo que hacer para heredar la vida eterna?

__26__ Jesús replicó: —¿Qué está escrito en la ley? ¿Cómo la interpretas tú?
__27__ Como respuesta el hombre citó:
—"Ama al Señor tu Dios con todo tu corazón, con todo tu ser, con todas tus fuerzas y con toda tu mente", y: "Ama a tu prójimo como a ti mismo".

__28__ —Bien contestado —le dijo Jesús—. Haz eso y vivirás.

__29__ Pero él quería justificarse, así que le preguntó a Jesús: —¿Y quién es mi prójimo?

__30__ Jesús respondió: —Bajaba un hombre de Jerusalén a Jericó, y cayó en manos de unos ladrones. Le quitaron la ropa, lo

muerto. __31__ Resulta que viajaba por el mismo camino un sacerdote quien, al verlo, se desvió y siguió de largo. __32__ Así también llegó a aquel lugar un levita y, al verlo, se desvió y siguió de largo. __33__ Pero un samaritano que iba de viaje llegó a donde estaba el hombre y, viéndolo, se compadeció de él. __34__ Se acercó, le curó las heridas con vino y aceite, y se las vendó. Luego lo montó sobre su propia cabalgadura, lo llevó a un alojamiento y lo cuidó. __35__ Al día siguiente, sacó dos monedas de plata[c] y se las dio al dueño del alojamiento. "Cuídemelo —le dijo—, y lo que gaste usted de más, se lo pagaré cuando yo vuelva".

__36__ ¿Cuál de estos tres piensas que demostró ser el prójimo del que cayó en manos de los ladrones?
__37__ —El que se compadeció de él —contestó el experto en la ley.

—Anda entonces y haz tú lo mismo —

HAGA ALGO POR UN PRÓJIMO. MUESTRE QUE USTED SE INTERESA POR ÉL SIN ESPERAR NADA A CAMBIO.

23/40

En Mateo 19, las personas llevan a sus hijos a Jesús para que él ore por ellos. Los discípulos pidieron a los padres retroceder y no dejar que los niños se acercaran a Jesús. Esta fue la respuesta de Jesús: "Dejen que los niños vengan a mí, y no se lo impidan, porque el reino de los cielos es de quienes son como ellos". Solo un capítulo antes, Jesús dijo: "Les digo la verdad, a menos que cambien y sean como niños pequeños, nunca entrarán en el reino de los cielos".[29] Muchas veces me pregunto: "¿A qué aludía Jesús cuando dice que debemos ser como niños para poder entrar en su reino?" Siempre creí que es más importante crecer y madurar y convertirse en adulto, ¿y ahora nos dicen lo contrario?

Tengo dos hijos pequeños, Nathan y Brady. Prácticamente todos los días los observo y me pregunto: "¿Por qué querría Dios que yo fuera como mis dos hijos pequeños? ¿Acaso hay algo que ellos hacen o tengan que yo no sepa?" Así que echemos un vistazo a sus vidas y descubramos algunas cosas sobre ellos. Son muy exigentes. A menudo son muy fastidiosos. Son bastante egoístas, no les gusta compartir y se quejan con frecuencia. Además, entienden muy poco, no tanto como yo. No contribuyen realmente mucho a la sociedad, no pagan ninguna factura, y hacen grandes líos dondequiera que van y esperan que alguien más limpie el desastre. No tienen un concepto del futuro y solo se centran en el presente. No pueden cuidarse por sí mismos y dependen completamente de los demás. Es cierto que los amo. No obstante, ¿por qué me diría Dios que fuera como ellos para entrar en su reino?

Hay otra cosa que noté sobre ellos, y creo que esto es lo que Jesús quiere decir: Mis hijos, ambos, tienen espíritus muy sensibles. Ambos se sienten muy mal cuando han hecho algo mal. Se arrepienten sinceramente y saben que han fallado. Y así es como Dios nos quiere: que lamentemos lo que hicimos mal y genuinamente nos arrepintamos. Él quiere que reconozcamos nuestra imperfección, porque **al reconocer nuestra imperfección, nos abrimos a recibir la gracia de Cristo, la cual nos ayuda a ser perfectos**.

Esto evoca la primera bienaventuranza en Mateo 5 donde Jesús dice: "dichosos los pobres en espíritu, porque el reino de los cielos les pertenece". Aquí la realidad es la misma: los pobres de espíritu reconocen que no son perfectos, genuinamente lamentan por ello, y reciben la gracia de Jesucristo que los ayuda a ser perfectos. Los niños son realmente buenos ejemplos de cómo ser pobres en espíritu y, de esta manera, son un modelo para nosotros.

A lo mejor se pregunta cómo relacionar este devocional en nuestra semana de servicio. Hasta ahora hemos hablado de dar prioridad a las necesidades de los demás antes que las nuestras, de servir a aquellos que no podrán ayudarnos, y también hemos servido a nuestro prójimo. Una y otra vez en su ministerio, Jesús menciona cuán importantes son los niños. Es esencial, mientras cumplimos el Reto de las Palabras en Rojo, invitar a nuestros hijos a que nos acompañen. Los principios que aprendemos y los temas que debemos practicar todos los niños deben saber. Tenemos la responsabilidad de modelar a nuestros hijos cómo es el amor de Dios.

En esta historia vemos a un fariseo que llevó una buena vida y por fuera se veía bien. También hay un recaudador de impuestos que era un fracaso según las pautas de este mundo, pero que se lamentó de la vida que había llevado. ¿Cual eres tú? ¿Cuál de ellos parece sentir a cómo un niño? ¿Cuál es de ellos es pobre en espíritu?

LUCAS 18: 9-14

9 A algunos que, confiando en sí mismos, se creían justos y que despreciaban a los demás, Jesús les contó esta parábola: ***10*** *"Dos hombres subieron al templo a orar; uno era fariseo, y el otro, recaudador de impuestos.* ***11*** *El fariseo se puso a orar consigo mismo: "Oh Dios, te doy gracias porque no soy como otros hombres —ladrones, malhechores, adúlteros— ni mucho menos como ese recaudador de impuestos.* ***12*** *Ayuno dos veces a la semana y doy la décima parte de todo lo que recibo".*

13 *En cambio, el recaudador de impuestos, que se había quedado a cierta distancia, ni siquiera se atrevía a alzar la vista al cielo, sino que se golpeaba el pecho y decía: "¡Oh Dios, ten compasión de mí, que soy pecador!"*

14 *"Les digo que este, y no aquel, volvió a su casa justificado ante Dios. Pues todo el que a sí mismo se enaltece será humillado, y el que se humilla*

SIRVA A UN NIÑO QUE ESTÁ EN SU VIDA HOY,

Y DEJE SABER A ESTE NIÑO CUÁN IMPORTANTE ES ÉL O ELLA PARA USTED.

24/40

DÍA 25

ESTUVE ENFERMO, Y ME ATENDIERON
MATEO 25:36

¡No me gusta estar enfermo! Es horrible. Como padre de dos varones pequeños, parece que alguien se enferma casi cada dos semanas en nuestra casa. Como padres, lo peor es cuando ambos padres nos enfermamos y los hijos pequeños están sanos. No hay muchas cosas más difíciles en este mundo que estar enfermo de verdad y tener que cuidar de dos niños listos para divertirse.

Mucha gente ha hecho buenas cosas por mí, pero cuando alguien hace algo por mí cuando estoy enfermo, es aún más especial. Una de las mejores cosas que un amigo ha hecho por mí y por mi esposa cuando nos enfermamos fue llevarse a nuestros dos hijos al centro comercial por la tarde. Otras personas anteriormente llevaron a nuestros hijos una tarde, pero esta vez en particular fue increíble porque estábamos muy enfermos.

Es difícil estar enfermo. Cuando uno está enfermo, le gusta ser atendido y recibir aliento de los demás. Muchas veces a lo largo de la Biblia, Jesús habla de cuán importante es cuidar a los enfermos o los menos privilegiados. Una de las formas que los enfermos y heridos saben que usted se preocupa por ellos es cuando usa su día de descanso para mostrarles que piensa en ellos. Puede hacer muchas cosas para cuidar un enfermo: visitar, ofrecer una comida, alentar, dar un regalo y orar.

El devocional de hoy es muy simple: no descuidar u olvidar a los enfermos, sino cuidarlos. Cuando estoy sano, es fácil para mí olvidar que otros quizás están enfermos.

Puede que otros sientan dolor y necesitan sanidad y ánimo. ¡Tenemos que mostrar ayuda a esas personas en todo momento!

Hay una historia en la Biblia sobre un hombre paralítico. El hombre tenía cuatro amigos quienes lo cargaron en un lecho para llevarlo a Jesús. Cuando llegaron a la casa donde estaba Jesús, vieron que estaba llena de gente. En lugar de desanimarse, metieron a su amigo por el techo y lo bajaron a través de una abertura para que pudiera ver a Jesús. Cuando Jesús vio la fe de los amigos, perdonó al paralítico y lo sanó. Siempre pensé cuan asombroso que no fuera la fe del paralitico la que lo sanó; sino la fe de sus amigos.

Mire, no sé cómo ni por qué Dios sana a unos y no a otros. Parece que él sana a algunos que tienen fe y otros que no la tienen. No obstante, esto sé: los amigos del paralítico tenían fe en Jesús y su amigo fue sanado por la fe de ellos. Esto significa que **Dios honra la fe de usted y su compromiso con los necesitados**. No digo que Dios siempre hará algo milagroso cuando usted ayuda a un necesitado, sino que Él puede sanar y lo ha hecho en el pasado.

¿A quién conoce que está enfermo? ¿A quién conoce que necesita aliento? ¡Estar enfermo no es para lo que estamos destinados! ¡Tenemos la esperanza de ver aquel tiempo que Jesús promete que no habrá más enfermedades, ni muerte, ni lágrimas! Jesús promete que todos los que lo siguen experimentarán este tipo de vida. Pero hasta entonces, tenemos la responsabilidad de servir y cuidar a los enfermos.

LECTURA BÍBLICA

¡En esta historia, vemos a cuatro amigos cuidar del amigo enfermo! ¡Qué hermoso ejemplo de cómo cuidar a una persona necesitada y mire en el versículo 5 a continuación, cómo Jesús responde no a la fe del paralítico, sino a la fe de los amigos!

MARCOS 2:1-12

Unos días después, cuando Jesús entró de nuevo en Capernaúm, corrió la voz de que estaba en casa. ***2*** *Se aglomeraron tantos que ya no quedaba sitio ni siquiera frente a la puerta mientras él les predicaba la palabra.* ***3*** *Entonces llegaron cuatro hombres que le llevaban un paralítico.* ***4*** *Como no podían acercarlo a Jesús por causa de la multitud, quitaron parte del techo encima de donde estaba Jesús y, luego de hacer una abertura, bajaron la camilla en la que estaba acostado el paralítico.* ***5*** *Al ver Jesús la fe de ellos, le dijo al paralítico: —Hijo, tus pecados quedan perdonados.*

6 *Estaban sentados allí algunos maestros de la ley, que pensaban:* ***7*** *"¿Por qué habla este así? ¡Está blasfemando! ¿Quién puede perdonar pecados sino solo Dios?"*

8 *En ese mismo instante supo Jesús en su espíritu que esto era lo que estaban pensando. —¿Por qué razonan así? —les dijo—.* ***9*** *¿Qué es más fácil, decirle al paralítico: "Tus pecados son perdonados", o decirle: "Levántate, toma tu camilla y anda"?* ***10*** *Pues para que sepan que el Hijo del hombre tiene autoridad en la tierra para perdonar pecados —se dirigió entonces al paralítico—:* ***11*** *A ti te digo, levántate, toma tu camilla y vete a tu casa.* ***12*** *Él se levantó, tomó su camilla en seguida y salió caminando a la vista de todos. Ellos se quedaron asombrados y comenzaron a alabar a Dios.*

SI CONOCE A ALGUIEN ENFERMO, VISITE A ESA PERSONA.

Anímela, apóyela o llámela. Si no puede hacer eso, entonces envíe un regalo o mensaje a alguien que usted sepa que está enfermo. Por último, si no conoce personalmente a nadie enfermo, escriba tarjetas para alentar, que digan: "Que pronto se mejore" y llévelas al hospital.

25/40

HAGAN BRILLAR SU LUZ DELANTE DE TODOS

MATEO 5:16

Es importante no solo hablar de hacer cosas buenas y satisfacer las necesidades en la comunidad, sino también hacerlas. ¡Así es como mostramos al resto del mundo quién es Dios! Eche un vistazo a lo que Jesús dice en Mateo 5: 13-16:

__13__ "Ustedes son la sal de la tierra. Pero, si la sal se vuelve insípida, ¿cómo recobrará su sabor? Ya no sirve para nada, sino para que la gente la deseche y la pisotee. __14__ "Ustedes son la luz del mundo. Una ciudad en lo alto de una colina no puede esconderse. __15__ Ni se enciende una lámpara para cubrirla con un cajón. Por el contrario, se pone en la repisa para que alumbre a todos los que están en la casa. __16__ Hagan brillar su luz delante de todos, para que ellos puedan ver las buenas obras de ustedes y alaben al Padre que está en el cielo.

En *The Journal of Biblical Counseling* (Diario de consejería bíblica), Timothy Keller hace la siguiente observación sobre la sal:

"La propiedad de la sal es hacer que algo tenga buen sabor. No sé sobre usted, pero no puedo soportar el maíz sin sal. Cuando he comido un trozo de maíz que realmente me gusta, lo dejo, ¿y qué digo? "Esa fue una gran sal". No, yo digo: "Este fue un delicioso maíz". ¿Por qué? Porque la propiedad de la sal no es hacer pensar cuán grande es la sal, sino cuán grande es cuando se la usa con el maíz".[30]

Jesús le llama sal. Como sal, nuestro trabajo es salir y mostrar a las personas cuán grande es nuestro Dios. Cada vez que predico, el éxito del sermón no es por lo que la gente piensa de mí. Su base está en si prediqué acerca de Jesús y cómo Él es nuestro héroe. Si predico y alguien ignora el sermón y todo lo que pueden decir de él es: "Ese pastor es muy inteligente" o "ese pastor es gracioso", entonces no he hecho mi trabajo. Mi trabajo es presentar a Jesús a las personas y dar toda la gloria a Él, no a mí mismo. Eso es lo que hace la sal.

Para este desafío, su trabajo como sal de la tierra es atraer las personas a Dios y mostrarles cuán grande es Él. Eso es realmente lo que significa dejar brillar nuestra luz también. ¡No guarde esa luz! Al encender su luz y ser sal (en otras palabras, al hacer buenas obras y satisfacer las necesidades de la comunidad), ¡usted muestra quién es Dios al resto del mundo y así, cumple lo que Dios anhela para su pueblo! ¡Desde el principio Dios anhela que lo representemos al resto del mundo! Esto es lo que anhelaba hacer con los israelitas en el Antiguo Testamento; esto es lo que anhela para sus discípulos; y esto es a lo que él nos llama a hacer hoy, como sus seguidores somos la iglesia. ¡Lo asombroso es que Jesús ciertamente dice que otros puedan ver nuestras buenas obras y glorificar a Dios por causa de nosotros! ¡Eso es increíble!

Sin embargo, quiero advertirle sobre algo que veo muy a menudo. Parece obvio, pero necesito decirlo. He visto a muchos cristianos brillar sus luces en lugares ya muy iluminados. En otras palabras, he visto a muchos, que creen en Jesús, hacer buenas obras y decir todas las cosas correctas acerca de Dios en lugares donde ya hay muchos otros cristianos. Es fácil hacer brillar su luz y servir en la iglesia o en un grupo cristiano pequeño.

Es muy difícil hacer brillar su luz en lugares oscuros o donde no haya cristianos o donde sus puntos de vista y opiniones no son los principales. Dios nos llama a brillar nuestra luz no solamente con otros cristianos, sino especialmente donde haya oscuridad.

Es asombroso pensar que **a través de lo que hacemos y la forma que vivimos, podemos guiar a las personas hacia una relación real con Dios**. Probablemente nunca sabremos qué tipo de impacto tuvimos en la vida de otra persona, pero seguiremos como siervos fieles y para darle la gloria.

A TRAVÉS DE LO
QUE HACEMOS
Y LA FORMA QUE
VIVIMOS PODEMOS
GUIAR A LAS
PERSONAS HACIA
UNA RELACIÓN
REAL CON DIOS.

Observe las similitudes de estas secciones con la sección que leímos anteriormente en el devocional. El plan de Dios desde el principio con los israelitas, los discípulos de Jesús, y la iglesia siempre ha sido que lo diéramos a conocer al resto del mundo por llevar una vida de obediencia y piedad.

ÉXODO 19: 3-6

3 al cual subió Moisés para encontrarse con Dios. Y desde allí lo llamó el SEÑOR y le dijo: "Anúnciale esto al pueblo de Jacob; declárale esto al pueblo de Israel: 4 "Ustedes son testigos de lo que hice con Egipto, y de que los he traído hacia mí como sobre alas de águila. 5 Si ahora ustedes me son del todo obedientes, y cumplen mi pacto, serán mi propiedad exclusiva entre todas las naciones. Aunque toda la tierra me pertenece, 6 ustedes serán para mí un reino de sacerdotes y una nación santa". "Comunícales todo esto a los israelitas".

1 PEDRO 2: 9-12

9 Pero ustedes son linaje escogido, real sacerdocio, nación santa, pueblo que pertenece a Dios, para que proclamen las obras maravillosas de aquel que los llamó de las tinieblas a su luz admirable. 10 Ustedes antes ni siquiera eran pueblo, pero ahora son pueblo de Dios; antes no habían recibido misericordia, pero ahora ya la han recibido.

11 Queridos hermanos, les ruego como a extranjeros y peregrinos en este mundo que se aparten de los deseos pecaminosos que combaten contra la vida. 12 Mantengan entre los incrédulos una conducta tan ejemplar que, aunque los acusen de hacer el mal, ellos observen las buenas obras de ustedes y glorifiquen a Dios en el día de la salvación.

SIRVA A DIOS HOY EN UNA DE LAS SIGUIENTES MANERAS.

1. Organice un evento para servir con una organización local sin fines de lucro.
2. Ofrézcase como voluntario en una despensa de alimentos o en un comedor comunitario.
3. Ofrézcase como voluntario en tu Hábitat para la Humanidad local.
4. Limpie el patio de un vecino.
5. Visite a una persona mayor.
6. Anime a alguien que está enfermo.

26/40

DÍAS 27-33

DEL RETO DE LOS 40 DÍAS

SEMANA DE

DAR

HAY MAS DICHA EN DAR
QUE EN RECIBIR.

HECHOS 20:35

DÍA 27

PRESTEN SIN ESPERAR NADA A CAMBIO

LUCAS 6:35

¿Cuántas veces ha dado sin recibir nada a cambio?

En su libro Super Freakonomics, Stephen Levitt y Stephen Dubner escriben: *"En la Universidad de Newcastle en Tyne, Inglaterra, una profesora de psicología llamada Melissa Bateson realizó un experimento en secreto en el salón de descanso del departamento de su trabajo. Por lo general, los miembros del cuerpo de profesores pagaban por el café y otras bebidas depositando dinero en una "caja de honestidad". Cada semana, Bateson publicaba una nueva lista de precios. Los precios nunca cambiaron, pero sí la pequeña fotografía sobre la lista. Unas semanas, ella ponía una imagen de flores; en otras semanas, ella ponía una foto de ojos humanos. Cuando aparecía la foto de los ojos, los colegas de Bateson dejaban casi tres veces más dinero en la caja de honestidad. Así que la próxima vez que se ría porque un espantapájaros asusta a un ave, recuerde que los espantapájaros también funcionan con los seres humanos".*[31]

Puede parecer altruista donar 100 dólares a la estación de radio pública local, pero a cambio obtiene un año gratis para escuchar sin culpa (y, si tiene suerte, una bolsa de tela). Los ciudadanos de los Estados Unidos fácilmente son los líderes mundiales en contribuciones caritativas per cápita, pero el código tributario de los Estados Unidos también se encuentra entre los más generosos por permitir las deducciones de esas contribuciones.

Los economistas dicen que la mayoría de las donaciones son "altruismo impuro": usted da no solo porque quiere ayudar, sino porque le hace lucir bien, o sentirse bien, o quizás para no sentirse mal. Usted ha donado antes, y yo también. No tiene que sentirse mal si recibe algo a cambio. Pero creo principalmente que Jesús dice: **la razón y la actitud de dar nunca deben ser para obtener algo a cambio**.

No obstante, es difícil dar sin recibir algo a cambio. Incluso el versículo en Lucas 6:35 dice: "Ustedes, por el contrario, amen a sus enemigos, háganles bien y denles prestado sin esperar nada a cambio. Así tendrán una gran recompensa y serán hijos del Altísimo, porque él es bondadoso con los ingratos y malvados.". Jesús dice que al dar y no esperar nada vuelta cambio, ¡eventualmente recibiremos algo de Dios!

En definitiva, **¡adoramos a un Dios que entregó su posesión más preciada por nosotros**! Él dio a su propio Hijo, Jesucristo, para morir por nosotros. A través de su muerte y resurrección, Jesús pagó el precio por todo los pecados que hemos cometido y que cometeremos. Él no pagó el 99por ciento ni nos pidió que pagáramos el último 1por ciento. Él lo pagó todo.

Como seguidor de Jesús, conozco y creo en la realidad de la muerte y resurrección de Jesús. Qué decepcionante debe ser para Dios observar y conocer que todavía le fallo. Si Dios Padre envió a Jesús a fin de que después de su muerte y resurrección mostráramos gratitud eterna y por lo tanto, lleváramos una vida de completa santidad, entonces debe estar muy decepcionado. Sin embargo, Dios Padre envió a Jesús no porque éramos perfectos, sino simplemente porque nos ama. Dios envió a Jesús sabiendo que, incluso después de su muerte y resurrección, le fallaríamos.

Eso significa prestar, o dar, sin esperar nada a cambio.

No damos porque debemos hacerlo. Damos porque queremos ser como Jesús. Queremos seguir los pasos de nuestro Salvador que puso las bases para que podamos dar, incluso cuando nada recibamos a cambio.

Me encanta esta historia por su simplicidad. En Filipos no había sinagogas ni lugares para que los primeros cristianos se reunieran, así, después de su bautismo, Lidia ofrece su casa como lugar de reunión a la iglesia. Ella nada espera a cambio. Solo quiere ser parte de la obra de Dios en su ciudad. Ella sabía la necesidad de la iglesia; ella sabía lo que tenía; y así dio a la iglesia, y su casa se convirtió en la sede de la iglesia y la obra misionera en Filipos.

HECHOS 16: 11-15

11 Zarpando de Troas, navegamos directamente a Samotracia, y al día siguiente a Neápolis. 12 De allí fuimos a Filipos, que es una colonia romana y la ciudad principal de ese distrito de Macedonia. En esa ciudad nos quedamos varios días.

13 El sábado salimos a las afueras de la ciudad, y fuimos por la orilla del río, donde esperábamos encontrar un lugar de oración. Nos sentamos y nos pusimos a conversar con las mujeres que se habían reunido. 14 Una de ellas, que se llamaba Lidia, adoraba a Dios. Era de la ciudad de Tiatira y vendía telas de púrpura. Mientras escuchaba, el Señor le abrió el corazón para que respondiera al mensaje de Pablo. 15 Cuando fue bautizada con su familia, nos hizo la siguiente invitación: "Si ustedes me consideran creyente en el Señor, vengan a hospedarse en mi casa". Y nos persuadió.

AL COMENZAR NUESTRA SEMANA DE DAR PRESTE O DÉ A ALGUIEN SIN PEDIR NADA A CAMBIO.

27/40

"Alguien más se encargará de eso". ¿Cuántas veces hemos dicho eso? Cuando escuchamos de problemas, a veces nuestra primera respuesta no es "¿cómo podemos ayudar?", sino "otro ayudará".

La cita de hoy de Jesús dice que no se trata de que otro se ocupe de hacer. Dios dice que es nuestro trabajo alimentar a los hambrientos. Él llama a sus seguidores a hacer las cosas por sí mismos. "Ese es el problema con dejar que otro haga", esta idea no está en el vocabulario de Jesús o sus seguidores. La verdad es que todos tenemos dones o talentos o posesiones que podemos ofrecer al mundo que nos rodea.

Me encanta esta historia de Peter Sagal:

> *Morgan era una mujer joven que vivía en la ciudad de Nueva York. Ella tenía problemas para descubrir su identidad. No era segura de sí misma y se había obsesionado con la Madre Teresa.*
>
> *Por alguna razón, Morgan pensó que la Madre Teresa era el ejemplo perfecto de lo que debería ser un ser humano. Un día, Morgan se enteró que la Madre Teresa llegaría a Nueva York y ella averiguó dónde se alojaba. Así que Morgan se estacionó en una esquina afuera del hotel con la esperanza de verla, finalmente un automóvil se detuvo y la Madre Teresa bajó de él.*
>
> *Morgan corrió hacia la Madre Teresa y le dijo: "Me alegro tanto de*

conocerla. El trabajo que usted hace es muy importante y quiero ir a Calcuta y trabajar con usted". La Madre

Teresa meneó la cabeza y dijo: "No, este trabajo no se hace porque usted cree que es bueno. Uno hace este trabajo porque ama tanto a los pobres de Calcuta que no puede alejarse de ellos. Ahí es cuando va y hace este trabajo". Morgan se dio cuenta de que había recibido una amonestación (de una buena manera).

La Madre Teresa le preguntó: "¿Qué haces?" Morgan dijo: "Nada importante. Trabajo en un teatro y ayudo a poner obras de teatro. ¿De qué sirve eso?

La Madre Teresa respondió: "Hay muchos tipos diferentes de hambre en este mundo. En mi país hay hambre del cuerpo. En este país hay hambre del espíritu. Quédate aquí y alimenta a tu gente".[32]

Todos tenemos algo que ofrecer. El Dios del universo, el que tiene acceso a todo, nos invita a ser parte de un milagro con él. Dios no necesita que participemos en sus milagros, pero él quiere que lo hagamos.

La cita de hoy es tomada de la historia milagrosa de Jesús por alimentar a cinco mil personas con solo cinco panes y dos peces. ¡Las multitudes habían estado con Jesús todo el día y tenían hambre! Los discípulos querían enviarlos a casa para obtener comida cuando Jesús les dijo: "Denles ustedes mismos de comer". ¿Se imagina lo que ellos habrían pensado? "¿Cómo vamos a alimentarlos? ¡Este hombre está loco!" Jesús estaba probando la fe de ellos.

Andy Stanley describe bien esta historia:

"¿Qué hace usted cuando Jesús le dice que haga algo que sabe que no puede hacer? Aparentemente hace lo que nosotros hacemos. Presenta excusas y dice cosas que Él ya sabe... No soy adecuadamente inteligente. No tengo suficiente educación. No tengo suficientes recursos. ¡Busca a otra persona! Pero Jesús dice: "Solo dame lo que tienes y trabajaré con eso. Dame tu educación limitada, tu falta de experiencia juntamente con tu miedo e inseguridad, y observa lo que puedo hacer"... si nosotros, o las personas en nuestras iglesias, llegáramos al punto de estar dispuestos a poner lo que tenemos a disposición de Dios, sucederán cosas maravillosas."[33]

Por cualquier razón, Dios ha elegido trabajar con nosotros para redimir y restaurar a este mundo. Nos escogió para ser las personas que hablan y obran en su nombre. Dios cree que usted puede hacer una diferencia. Por eso le ha elegido. 1 Corintios 3:10 nos llama "colaboradores" o "colaboradores" con Dios. ¡Hemos sido llamados por Dios para colaborar con él y nos ha dado las herramientas para extender su reino! No espere el permiso de su pastor o alguien más para hacer lo que Dios ha puesto en su corazón. Dios le ha llamado y le ha llenado del Espíritu Santo para ayudarle en todo lo que necesita para hacer una diferencia en este mundo. Quizás usted siente que no tiene mucho que ofrecer, pero quiero que sepa que el mismo Dios que convirtió el almuerzo de un niño para alimentar a cinco mil puede hacer lo mismo por usted. **Con un poco Dios puede hacer mucho.**

CON UN POCO DIOS PUEDE HACER MUCHO.

#REDLETTERCHALLENGE

Esta es la historia de Jesús cuando convierte el almuerzo de un niño en alimento para miles. Puede que usted sienta que no tiene mucho que ofrecer, pero quiero que sepa que el mismo Dios que multiplicó el almuerzo de un niño en alimento para cinco mil personas puede hacer lo mismo con lo que usted le ofrezca.

MATEO 14: 13-21

__13__ Cuando Jesús recibió la noticia, se retiró él solo en una barca a un lugar solitario. Las multitudes se enteraron y lo siguieron a pie desde los poblados. __14__ Cuando Jesús desembarcó y vio a tanta gente, tuvo compasión de ellos y sanó a los que estaban enfermos.

__15__ Al atardecer se le acercaron sus discípulos y le dijeron: —Este es un lugar apartado y ya se hace tarde. Despide a la gente, para que vayan a los pueblos y se compren algo de comer.

__16__ —No tienen que irse —contestó Jesús—. Denles ustedes mismos de comer. __17__ Ellos objetaron: —No tenemos aquí más que cinco panes y dos pescados.

__18__ —Tráiganmelos acá —les dijo Jesús. __19__ Y mandó a la gente que se sentara sobre la hierba. Tomó los cinco panes y los dos pescados y, mirando al cielo, los bendijo. Luego partió los panes y se los dio a los discípulos, quienes los repartieron a la gente. __20__ Todos comieron hasta quedar satisfechos, y los discípulos recogieron doce canastas llenas de pedazos que sobraron.

__21__ Los que comieron fueron unos cinco mil hombres, sin contar a las mujeres y a los niños.

DIOS HA DADO A USTED ALGO QUE ALGUIEN MÁS PODRÍA USAR. USE SUS RECURSOS PARA AYUDAR A ALGUIEN HOY.

28/40

TUVE HAMBRE Y USTEDES ME DIERON DE COMER

MATEO 25:35

Escuchamos mucho sobre la comida en nuestro país. Escuchamos mucho sobre la obesidad y cuánto comen los estadounidenses. De hecho, en 2011, el estadounidense promedio consumía una tonelada de alimentos (1996 libras para ser exactos). Esto incluye más de 630 libras de productos lácteos, 185 libras de carne, 197 libras de granos, casi 700 libras de frutas y verduras y más de 200 libras de dulces y grasas.[34] La mayoría de nosotros no tenemos que preocuparnos por comer; simplemente tenemos que preguntar: "¿Qué vamos a comer hoy?" Sin embargo, todavía hay millones de personas en nuestro país que no para comer o padecen necesidad.

No obstante, los estadounidenses desechan 40 por ciento del suministro de alimentos cada año, y la familia estadounidense promedio de cuatro personas desecha un equivalente en dólares de $2,275 en alimentos cada año. Solo una reducción del 15 por ciento en las pérdidas en el suministro de alimentos en los Estados Unidos ahorraría suficiente para alimentar a 25 millones de estadounidenses cada año.[35] No puedo culpar a todos los demás por esto. Mi familia también hace esto y hemos determinado hacer algo al respecto. Notamos que nuestros dos hijos apenas comen la mitad de lo que les servimos. Mi esposa y yo no nos sentimos bien por esto y comenzamos a servirnos menos porque nos dimos cuenta que podríamos estar satisfechos con solo comer las sobras de ellos y así evitaríamos desechar menos comida.

Jesús hablaba con un gran grupo de personas cuando deja caer esta bomba:

"Porque tuve hambre, y ustedes me dieron de comer; tuve sed, y me dieron de beber; fui forastero, y me dieron alojamiento; necesité ropa, y

me vistieron; estuve enfermo, y me atendieron; estuve en la cárcel, y me visitaron".

Y le contestarán los justos: "Señor, ¿cuándo te vimos hambriento y te alimentamos, o sediento y te dimos de beber? ¿Cuándo te vimos como forastero y te dimos alojamiento, o necesitado de ropa y te vestimos? ¿Cuándo te vimos enfermo o en la cárcel y te visitamos?"

El Rey les responderá: "Les aseguro que todo lo que hicieron por uno de mis hermanos, aun por el más pequeño, lo hicieron por mí".[36]

Hemos aprendido en este desafío que una de las maneras en que las personas verán a Dios en nosotros es cuando realmente hacemos lo que Él dice. Aquí Jesús dice que cualquier cosa que hagamos por los más pequeños del mundo, los menos privilegiados, lo hacemos por Él. Jesús dice que **las personas que cuidan de los menos privilegiados serán bienvenidas en su reino**. Esta no es una táctica de miedo. Jesús no dice: "Si no haces esto, arderás en el infierno". Simplemente dice: "Los que creen en Jesús son los que ayudan a los menos privilegiados". ¡Eso es precisamente lo que hacen! Cuanto más fuerte es la relación de una persona con Dios, más natural es cuidar de los hijos de Dios en este mundo.

Mi función en una junta directiva para una despensa de alimentos aquí en Mount Dora, Florida me recuerda constantemente que hay una innumerable cantidad de personas que padecen hambre. Incluso en los Estados Unidos, la tierra de bendiciones y oportunidades, la gente muere de hambre. ¡Ellas necesitan ayuda! ¿Quién mejor para ayudarlas que los seguidores de Jesús?

Si su despensa está llena, si no tiene que preocuparse por lo que va a comer o beber mañana porque sabe que tendrá suficiente, entonces puede ayudar en esta causa.

LECTURA BÍBLICA

En esta historia del Antiguo Testamento, Eliseo ayuda a una viuda. Todo lo que ella tiene es un poco de aceite, pero como podemos ver en esta historia, Dios puede convertir un poco en mucho.

2 REYES 4: 1-7

La viuda de un miembro de la comunidad de los profetas le suplicó a Eliseo: —Mi esposo, su servidor, ha muerto, y usted sabe que él era fiel al SEÑOR. Ahora resulta que el hombre con quien estamos endeudados ha venido para llevarse a mis dos hijos como esclavos.

***2** —¿Y qué puedo hacer por ti? —le preguntó Eliseo—. Dime, ¿qué tienes en casa?*

—Su servidora no tiene nada en casa —le respondió—, excepto un poco de aceite.

***3** Eliseo le ordenó: —Sal y pide a tus vecinos que te presten sus vasijas; consigue todas las que puedas. **4** Luego entra en la casa con tus hijos y cierra la puerta. Echa aceite en todas las vasijas y, a medida que las llenes, ponlas aparte.*

***5** En seguida la mujer dejó a Eliseo y se fue. Luego se encerró con sus hijos y empezó a llenar las vasijas que ellos le pasaban. **6** Cuando ya todas estuvieron llenas, ella le pidió a uno de sus hijos que le pasara otra más,*

y él respondió: "Ya no hay". En ese momento se acabó el aceite.

***7** La mujer fue y se lo contó al hombre de Dios, quien le mandó: "Ahora ve a vender el aceite, y paga tus deudas. Con el dinero que te sobre, podrán*

PROVEA ALIMENTOS A LOS NECESITADOS.

Ya sea dar a alguien de la calle o donar a su despensa local de alimentos, sea generoso. Use lo que hay en su despensa o salga de compras y recoja alimentos para los necesitados. Usted puede donar por su cuenta o llevarlo a su iglesia local para lo donen a una despensa de alimentos.

HABLANDO DE ESO, si su iglesia local ha destinado una caja para los alimentos, donde la gente pueda donar comida regularmente, ¡diga a su pastor que va a traer una!

29/40

"Había una vez un hombre rico que estaba cerca de la muerte. Estaba muy afligido porque había trabajado muy duro por su dinero y quería poder llevarlo con él al cielo. Entonces comenzó a orar para que pudiera llevarse algo de su riqueza con él.

Un ángel escuchó su súplica y se le apareció, y dijo: "Lo siento, pero no puedes llevar tu riqueza contigo".

El hombre rogó al ángel que hablara con Dios para que le dejara infringir las reglas. El hombre continuó orando para que su riqueza pudiera llevar su riqueza. El ángel volvió a aparecerle e le informó que Dios había decidido permitirle llevar una maleta con él.

Lleno de alegría, el hombre recogió su maleta más grande y la llenó con barras de oro puro y la colocó junto a su cama. Poco después, murió y se presentó a las puertas del cielo para saludar a San Pedro.

San Pedro, viendo la maleta, dijo: "¡Espera, no puede traer eso aquí!"
El hombre le explicó a San Pedro que tenía permiso y le pidió que verificara su historia con el Señor. Efectivamente, San Pedro lo comprobó, regresó y dijo: "Tiene razón. Se le permite solo una bolsa de mano, pero se supone que debo revisar su contenido antes de dejarlo pasar.

San Pedro abrió la maleta para inspeccionar los objetos mundanos que eran de gran valor para dejarlo atrás y exclamó: '¿Trajiste pavimento?' "[37]

Jesús habla en el Sermón del Monte sobre estar seguros de no almacenar tesoros en la tierra, sino almacenar tesoros en el cielo.

Él menciona no preocuparse por la ropa, y esto es algo que nunca he tenido que preocuparme. A veces me siento culpable por tener todo y saber que otros no tienen tanto. Hace un par de años, publiqué algo en Facebook sobre cuántos pares de zapatos tenía mi esposa. De todas las publicaciones durante el año, ¡esta recibió la mayoría de los comentarios de mi familia y amigos! Hice la pregunta: "¿Debería ella regalar algo o está bien que una mujer tenga tantos pares de zapatos?" Las respuestas vinieron de todas partes. Ella terminó regalando muchos de sus zapatos a entidades de caridad y yo estaba muy orgulloso de ella por eso. Pero ahora pregunto a mí mismo: ¿cuántos pares de zapatos realmente necesito?

¿Tengo demasiado? ¿O puede alguien más beneficiarse de las cosas sin uso en mis armarios y vestidores? ¿Y qué en cuanto a usted? ¿Cuánto es demasiado?

Dios dice: **cada vez que hacemos algo aun por los más "pequeños" en nuestro mundo, o los menos privilegiados, es como hacerlo por Jesús**. Imagine a Jesús sin ropas al costado del camino. Si usted supiera que es Jesús, ¿qué haría? Por supuesto lo vestiría. ¡Le daría lo que él necesitara! Si sus roperos están llenos y no tiene que preocuparse si vestirá mañana o no, ¡usted puede ser una parte importante en completar el desafío de hoy!

LECTURA BÍBLICA

Escuche las palabras de Jesús de lo que significa acumular tesoros en el cielo en lugar de acumular cosas terrenales como la vestimenta.

MATEO 6: 19-21, 24-34.

19 "No acumulen para sí tesoros en la tierra, donde la polilla y el óxido destruyen, y donde los ladrones se meten a robar. **20** *Más bien, acumulen para sí tesoros en el cielo, donde ni la polilla ni el óxido carcomen, ni los ladrones se meten a robar.* **21** *Porque donde esté tu tesoro, allí estará también tu corazón.*

24 *"Nadie puede servir a dos señores, pues menospreciará a uno y amará al otro, o querrá mucho a uno y despreciará al otro. No se puede servir a la vez a Dios y a las riquezas.*

25 *"Por eso les digo: No se preocupen por su vida, qué comerán o beberán; ni por su cuerpo, cómo se vestirán. ¿No tiene la vida más valor que la comida, y el cuerpo más que la ropa?* **26** *Fíjense en las aves del cielo: no siembran ni cosechan ni almacenan en graneros; sin embargo, el Padre celestial las alimenta. ¿No valen ustedes mucho más que ellas?* **27** *¿Quién de ustedes, por mucho que se preocupe, puede añadir una sola hora al curso de su vida?*

28 *"¿Y por qué se preocupan por la ropa? Observen cómo crecen los lirios del campo. No trabajan ni hilan;* **29** *sin embargo, les digo que ni siquiera Salomón, con todo su esplendor, se vestía como uno de ellos.* **30** *Si así viste Dios a la hierba que hoy está en el campo y mañana es arrojada al horno, ¿no hará mucho más por ustedes, gente de poca fe?* **31** *Así que no se preocupen diciendo: "¿Qué comeremos?" o "¿Qué beberemos?" o "¿Con qué nos vestiremos?"* **32** *Los paganos andan tras todas estas cosas, pero el Padre celestial sabe que ustedes las necesitan.* **33** *Más bien, busquen primeramente el reino de Dios y su justicia, y todas estas cosas les serán añadidas.* **34** *Por lo tanto, no se angustien por el mañana, el cual tendrá sus propios afanes. Cada día tiene ya sus problemas.*

REVISE SUS ARMARIOS Y VESTIDORES Y DONE TODA LA ROPA QUE NO NECESITE.

30/40

El dinero es un tema extremadamente divisor, porque la forma que usted gasta su dinero muestra dónde está su corazón. Jesús dijo: "Porque donde está tu tesoro, allí también está tu corazón".[38]

Cada vez que un líder cristiano habla de dinero, puede causar reacciones negativas. De hecho, una de las principales razones por las que las personas abandonan o no asisten a la iglesia es el énfasis de tal iglesia en el dinero.

Creo que esto ocurre por dos razones. Primero, algunos piensan que la iglesia no tiene derecho a decirles qué hacer con el dinero. Ellos han visto cómo la iglesia usa el dinero de maneras que no siempre honran a Dios, entonces, ¿por qué deberían dar?

Me quebranté mucho por un programa de televisión llamado "Predicadores de Los Ángeles" el cual siguió la vida de seis predicadores o de sus familias respectivas. No conozco a ninguno de esos predicadores o sus familias personalmente. Sé que Dios puede obrar a través de cada uno de ellos, pero me molesta ver predicadores que se han vuelto tremendamente ricos. Usted puede dar cualquier excusa que desee, pero ese estilo de vida no se ve bien en los predicadores del evangelio, y no creo que fuera lo que Jesús tenía en mente cuando nos llamó a seguirlo. Si diera mi dinero a un predicador así o algo parecido, tampoco me gustaría regalarlo.

Pero hay una segunda razón por la que no nos gusta hablar de dinero: realmente nos gusta nuestro dinero. **El dinero es el ídolo número uno en nuestra vida**. Es muy difícil separar a las personas de algo que aman tanto.

Por favor entienda que nada malo hay con el dinero en sí mismo. La raíz de todo mal no es el dinero, sino el amor al dinero.

Jesús dice a los fariseos no descuidar el diezmo. Un diezmo es literalmente una décima parte de lo que gano. Si gano cien dólares, entonces el diezmo sería diez dólares. Escucho a algunas personas decir: "Doy el diezmo". Pero si usted da solo 5%, entonces es una ofrenda, no un diezmo.

Jesús solo dijo una cosa acerca del diezmo en los cuatro evangelios, en Mateo 23:23 (NTV) "Qué aflicción les espera a ustedes, maestros de la ley religiosa y fariseos. ¡Hipócritas! Pues se cuidan de dar el diezmo sobre el más mínimo ingreso de sus jardines de hierbas, pero pasan por alto los aspectos más importantes de la ley: la justicia, la misericordia y la fe. Es cierto que deben diezmar, pero sin descuidar las cosas más importantes".

Jesús habló mucho sobre dar, pero no mucho sobre el diezmo. Por eso, algunos pastores no enseñan sobre la importancia de diezmar.

Pero la práctica del diezmo se remonta a Abraham. Desde el principio, el pueblo de Dios ha entregado el primer diez por ciento como ofrenda para mostrar a Dios que confiamos plenamente en su provisión para nosotros.

Si alguien investigara su cuenta bancaria, ¿sabría que usted es un seguidor de Jesús? **Realmente no puede rendirse totalmente a Dios si no puede confiarle su dinero**. Creo que en nuestra nación el diezmo podría ser el indicador número uno de una fe perdurable en Jesucristo.

No siempre me he sentido de esta manera. De hecho, realmente he luchado en esta área. Recuerdo la primera vez que tuve una cantidad considerable de dinero extra. En lugar de comprar algo importante, invertir en el futuro de mi familia o dar a Dios, lo aposté. Lo hice en secreto de mi familia. Estaba estudiando para ser pastor, y malgasté miles de dólares. No sé cuál era el problema mayor: la competencia de los juegos de azar o la codicia de querer siempre más, pero fracasé horriblemente y tuve que arrepentirme.

Personalmente he descubierto que Dios puede dar una victoria completa en un área que una vez fue una lucha. **Él puede restaurar lo quebrado y convertirlo en una de sus mayores fortalezas.** Ahora, cuando hago una prueba de mis dones espirituales, uno de mis tres principales dones es la generosidad. De hecho, el año pasado cuando pagué mis impuestos en línea, mi declaración de impuestos mostró un alto riesgo de auditoría porque mis contribuciones caritativas no estaban en proporción con mis ingresos.

Estoy orgulloso de eso. Dios me ha redimido y me ha hecho un generoso. Y es más: nunca me arrepentiré de haber dado esos dólares a la iglesia. Y usted nunca tampoco.

Si la ley exigía dar diez por ciento, entonces ¿cuánto más deberíamos dar ahora que operamos por la gracia de Dios? Creo que el diezmo es el punto de partida, no la meta. Hay muchas cosas por hacer para seguir a Jesús tal como Él quiere, pero siga el mandato de Cristo hoy: ¡no descuide diezmar!

REALMENTE NO PUEDE RENDIRSE TOTALMENTE A DIOS SI NO PUEDE CONFIARLE SU DINERO.

#REDLETTERCHALLENGE

Esta es la única vez en toda la Biblia que Dios desafía a sus seguidores a "probarlo". Pruébelo con su diezmo y compruebe cómo Dios derramará sus bendiciones sobre usted. No siempre significa una bendición material en este mundo, pero cuando damos a Dios, siempre somos bendecidos.

MALAQUÍAS 3: 6-12

6 "Yo, el SEÑOR, no cambio. Por eso ustedes, descendientes de Jacob, no han sido exterminados. 7 Desde la época de sus antepasados se han apartado de mis preceptos y no los han guardado. Vuélvanse a mí, y yo me volveré a ustedes —dice el SEÑOR Todopoderoso—.

"Pero ustedes replican: '¿En qué sentido tenemos que volvernos?'

8 "¿Acaso roba el hombre a Dios? ¡Ustedes me están robando!

"Y todavía preguntan: "¿En qué te robamos?"

"En los diezmos y en las ofrendas. 9 Ustedes —la nación entera— están bajo gran maldición, pues es a mí a quien están robando. 10 "Traigan íntegro el diezmo para los fondos del templo, y así habrá alimento en mi casa. Pruébenme en esto —dice el SEÑOR Todopoderoso—, y vean si no abro las compuertas del cielo y derramo sobre ustedes bendición hasta que sobreabunde. 11 Exterminaré a la langosta, para que no arruine sus cultivos y las vides en los campos no pierdan su fruto —dice el SEÑOR Todopoderoso—. 12 Entonces todas las naciones los llamarán a ustedes dichosos, porque ustedes tendrán una nación encantadora —dice el SEÑOR Todopoderoso—.

DIEZME DURANTE LOS PRÓXIMOS 6 MESES EN SU IGLESIA LOCAL.

Si no es miembro de una iglesia local a la que pueda dar su diezmo, ¡le daré el sitio web de mi iglesia! ¡Es una broma! Hablando en serio, encuentre una iglesia local o una organización de caridad que marque la diferencia y comience a dar con sacrificio y ¡observe cómo Dios obra en grandes maneras!

31/40

VENDE TODO LO QUE TIENES
Y DÁSELO A LOS POBRES

MARCOS 10:21

Estados Unidos representa menos del 5% de la población mundial, pero controla el 20% de la riqueza mundial.

Mil millones de personas en el mundo no tienen acceso a agua limpia, mientras que el estadounidense promedio consume entre 400 y 600 litros de agua por día.

Cada siete segundos, en algún lugar del mundo, un niño menor de cinco años muere de hambre, mientras que los estadounidenses desechan el 14% de los alimentos que compramos.

El 40% de las personas en el mundo carecen de saneamiento básico, mientras que 49 millones de pañales se usan y se tiran en Estados Unidos todos los días.

Los estadounidenses gastan más anualmente en bolsas de basura que casi la mitad de lo que el mundo gasta en bienes.[39]

Si bien hay muchos que luchan en nuestra nación, las estadísticas anteriores indican que la mayoría de nosotros tenemos suficiente. Evidentemente, como nación, estamos experimentando una tremenda riqueza. ¡Cuanto más profundizamos en las palabras de Jesús y sus declaraciones de acción en los evangelios, más vemos cuánto se supone que los seguidores de Jesús deben ser dadores! Pero las palabras de hoy de Jesús llevan a un nivel que aún no hemos visto. ¡Esta podría ser la más difícil de todas las citas que hemos visto en el reto hasta ahora!

Conforme a lo que invierta financieramente, también se conectará emocionalmente. Si da dinero a una universidad, observará cómo está la universidad. Si usted es miembro de un club de campo de golf, se asegurará de que mantengan el campo de golf en perfecto estado. Soy parte de una Asociación de Propietarios y debido a que pago cada mes espero que los demás mantengan sus casas y jardines conforme al nivel requerido.

Nuestras emociones siguen a nuestro dinero, entonces Jesús le dice que invierta en él. Dé a su reino. Dé a la iglesia. Ayude a los necesitados. De a las organizaciones que suplen las necesidades en la comunidad.

¡Creo que Dios nos pide dar hasta que duela, hasta sentirnos bien!

Dar debería doler. En otras palabras, debería ser un sacrificio. Ayer hablamos sobre el diezmo, pero para algunos dar el diezmo no es realmente un sacrificio. Creen que por diezmar, hacen lo que Dios espera de ellos. Pero la realidad es que si usted gana 1 millón de dólares al año y da 100mil dólares a su iglesia local, esos 100mil harán una gran diferencia para su iglesia, pero no es un sacrificio para usted. ¡El verdadero sacrificio sería dar 900mil y vivir con solo con 100mil dólares!

Cuanto más comience a dar, más fácil será. Al principio duele el sacrificio, pero si sigue dando y sacrificando, ¡empieza a sentirse realmente bien! Lo más cercano a lo que puedo compararlo es hacer ejercicio y entrenar. Si no ha entrenado por un tiempo y luego, de repente, comienza a levantar pesas, estará muy adolorido, especialmente si se esfuerza mucho mientras ejercita. Pero se dará cuenta de que es un "buen dolor". Luego, al ejercitarse nuevamente, siente menos dolor. Y luego, la próxima vez, menos dolor. Este patrón continúa hasta ejercitarse sin experimentar dolor.

Lo mismo es cierto de dar. Seguir **a Dios fielmente significa seguirlo con todas sus posesiones**, incluso su dinero y sus posesiones. Él quiere que usted sea generoso. Si no ha dado en mucho tiempo o si lo ha hecho, pero no con sacrificio, entonces dar lo que Dios realmente quiere que usted dé dolerá. Pero, al mismo tiempo, se sentirá bien. Luego volverá a dar y aún dolerá, pero menos. Y cada vez que da, le dolerá menos, hasta que, de repente, dará y ¡ni siquiera duele en absoluto!

La cita de hoy es tan difícil y tan impactante que nos obliga a preguntar: ¿Qué tan serio habla Jesús aquí? ¿Realmente quiere que vendamos todo y entreguemos el dinero a los pobres? ¿Qué es dar todo? ¿Absolutamente todo? ¿Doy hasta doler, hasta sentir bien?

SEGUIR A DIOS FIELMENTE SIGNIFICA SEGUIRLO CON TODAS SUS POSESIONES.

#REDLETTERCHALLENGE

El hombre que pregunta a Jesús cómo heredar la vida eterna ha llevado una vida bastante buena según las pautas del mundo. Pero vemos que su corazón estaba desanimado e inclinado más hacia la riqueza terrenal que seguir a Jesús.

MARCOS 10: 17-27

17 *Cuando Jesús estaba ya para irse, un hombre llegó corriendo y se postró delante de él. —Maestro bueno —le preguntó—, ¿qué debo hacer para heredar la vida eterna?*

18 *—¿Por qué me llamas bueno? —respondió Jesús—. Nadie es bueno sino solo Dios.* ***19*** *Ya sabes los mandamientos: "No mates, no cometas adulterio, no robes, no presentes falso testimonio, no defraudes, honra a tu padre y a tu madre".*

20 *—Maestro —dijo el hombre—, todo eso lo he cumplido desde que era joven.* ***21*** *Jesús lo miró con amor y añadió: —Una sola cosa te falta: anda, vende todo lo que tienes y dáselo a los pobres, y tendrás tesoro en el cielo. Luego ven y sígueme.* ***22*** *Al oír esto, el hombre se desanimó y se fue triste, porque tenía muchas riquezas.*

23 *Jesús miró alrededor y les comentó a sus discípulos: —¡Qué difícil es para los ricos entrar en el reino de Dios!*

24 *Los discípulos se asombraron de sus palabras. —Hijos, ¡qué difícil es entrar en el reino de Dios! —repitió Jesús—.* ***25*** *Le resulta más fácil a un camello pasar por el ojo de una aguja que a un rico entrar en el reino de Dios.*

26 *Los discípulos se asombraron aún más, y decían entre sí: "Entonces, ¿quién podrá salvarse?"*

27 *—Para los hombres es imposible —aclaró Jesús, mirándolos fijamente—, pero no para Dios; de hecho, para Dios todo es posible.*

OFRENDE CON SACRIFICIO HOY. ORE A DÓNDE DAR Y CÓMO DAR, LUEGO, OBRE CON FE.

32/40

HAY MAS DICHA EN DAR QUE EN RECIBIR

HECHOS 20:35

¿Qué es realmente mejor: dar o recibir?

Seré honesto con usted; cuando era más joven pensé que era mucho mejor recibir que dar. En Navidad, me encantaba recibir cosas y realmente no me importaba lo que otros recibían. Pero ahora, en mi edad adulta, mi manera de pensar ha cambiado. Ahora siento más satisfacción regalar que recibirlo. Cuando compro un regalo para alguien que realmente aprecio, ¡es tan difícil mantenerlo en secreto!

Mi esposa y yo nos casamos en el 2004 y en diciembre de ese año nos mudamos de Wisconsin a Missouri, dejando a muchos amigos que habíamos conocido en la universidad. En Missouri no teníamos amigos cercanos y estábamos a varios cientos de millas de distancia de nuestras familias. Aunque estábamos lejos de la familia, yo aún recordaba las tradiciones de mi familia durante los días festivos. En nuestra familia, nos manteníamos despiertos hasta muy tarde en la nochebuena y abríamos los regalos después de que mi papá llegara a casa al culminar todos los servicios víspera de Navidad. Debido a que él era pastor de una iglesia grande, se celebraba varios servicios de adoración y el último no comenzaba hasta las 11 pm, por lo que papá no regresaba a casa hasta la una de la madrugada. ¡Entonces abriríamos los regalos! Amé y aprecié esos momentos.

Así que esa Navidad en Missouri compré a mi esposa un par de zapatos que yo sabía que ella realmente quería. Ella en cambio compró un palo de golf que yo realmente quería. Ambos estábamos tan emocionados de dar el uno al otro los regalos que compramos. Y como ya no estábamos limitados a nuestras viejas tradiciones, decidimos no esperar más, ¡y así nuestra primera Navidad juntos abrimos los regalos el 11 de diciembre! Al año siguiente esperamos un poco más; abrimos los regalos el 13 de diciembre. Ahora tenemos hijos y debemos ser adultos responsables, ¡así que volvemos al intercambio normal de regalos en Nochebuena!

Pero este es el punto de todo esto: cuando tiene un buen regalo para alguien que a usted aprecia, no espere para regalarlo.

Jordan Grafman en realidad hizo la pregunta,

> *"¿Es mejor dar o recibir?" Según un artículo en Sharpbrains.com, "él pidió a diecinueve voluntarios aptos para participar en un juego de computadora mientras se escaneaba sus cerebros por una imagen por resonancia magnética o en ingles IRMf. Una imagen por resonancia magnética es una máquina que escanea el cerebro para medir el aumento del flujo sanguíneo a los diferentes vasos sanguíneos que acompañan el uso del cerebro. Y al escanear el cerebro, ellos pudieron decir en este juego si la persona estaba más entusiasmada por dar o recibir un regalo. La forma en que se realizó el juego fue entregar recompensas de dinero por hacerlo bien y ofreció a los participantes la oportunidad de recibir la recompensa o donarla y dar la recompensa a otra persona. El equipo de científicos descubrió que regalar a otro realmente es mejor que recibir un regalo de otro".*[40]

Todos hemos recibido el regalo más asombroso en todo el mundo al recibir la gracia de Jesucristo en nuestra vida. Aunque es maravilloso recibir este regalo, es aún mejor cuando podemos dar ese regalo a los demás. Cada vez que he recibido un regalo que realmente me gusta, me encanta contárselo a otros. ¡Estoy seguro de que usted también es de la misma manera, pero a menudo fallamos en dar a las personas este regalo mejor!

Lo mejor que puede hacer con un buen regalo es abrirlo, disfrutarlo y compartirlo con otros.[41] Espero que piense en esto para aplicar a su vida. ¿Comparte usted el mejor regalo que haya recibido con alguien más en este momento? Si no, ¿por qué no? Si lo hace, es maravilloso ¿verdad?

LO MEJOR QUE PUEDE HACER CON UN BUEN REGALO ES ABRIRLO, DISFRUTARLO Y COMPARTIRLO CON OTROS.

#REDLETTERCHALLENGE

LECTURA BÍBLICA

Las iglesias en Macedonia estaban entusiasmadas de dar incluso en medio de su pobreza. Preste atención especialmente al último verso; de aquí proviene toda nuestra generosidad.

2 CORINTIOS 8: 1-10

Ahora, hermanos, queremos que se enteren de la gracia que Dios les ha dado a las iglesias de Macedonia. **2** *En medio de las pruebas más difíciles, su desbordante alegría y su extrema pobreza abundaron en rica generosidad.* **3** *Soy testigo de que dieron espontáneamente tanto como podían, y aún más de lo que podían,* **4** *rogándonos con insistencia que les concediéramos el privilegio de tomar parte en esta ayuda para los santos.* **5** *Incluso hicieron más de lo que esperábamos, ya que se entregaron a sí mismos, primeramente al Señor y después a nosotros, conforme a la voluntad de Dios.* **6** *De modo que rogamos a Tito que llevara a feliz término esta obra de gracia entre ustedes, puesto que ya la había comenzado.* **7** *Pero ustedes, así como sobresalen en todo —en fe, en palabras, en conocimiento, en dedicación y en su amor hacia nosotros—, procuren también sobresalir en esta gracia de dar.*

8 *No es que esté dándoles órdenes, sino que quiero probar la sinceridad de su amor en comparación con la dedicación de los demás.* **9** *Ya conocen la gracia de nuestro Señor Jesucristo, que, aunque era rico, por causa de ustedes se hizo pobre, para que mediante su pobreza ustedes llegaran a ser ricos.* **10** *Aquí va mi consejo sobre lo que les conviene en este asunto: El año pasado ustedes fueron los primeros no solo en dar, sino también en querer hacerlo.*

¡DÉ UN BUEN REGALO A UNA PERSONA O ENTIDAD DE CARIDAD ESTE DÍA!

33/40

DÍAS 34-40 DEL RETO DE LOS 40 DÍAS

SEMANA DE

VAYAN Y HAGAN DISCÍPULOS
DE TODAS LAS NACIONES

MATEO 28:19A

VUELVE A TU CASA Y CUENTA TODO LO QUE DIOS HA HECHO POR TI

LUCAS 8:39

Esto puede sonar extraño, pero me resulta difícil orar con mi esposa. Usted pensaría que, como soy pastor y los dos somos cristianos, orar juntos sería natural. Pero no oramos juntos tan a menudo como deberíamos. De hecho, para mí es un reto entablar conversaciones profundas sobre nuestra fe en el hogar.

Creo que hay dos razones para esto.

Una razón es mi trabajo. Soy pastor y tengo este tipo de conversaciones todo el tiempo. A menudo, lo último que quiero hacer al llegar a casa es seguir con mi trabajo. Amo a Dios, pero quiero relajarme, tomar un descanso y ver un juego de pelota.

La segunda razón soy yo. Mi familia me conoce mejor que nadie. Ellos me ven como un pastor que declara con denuedo la palabra de Dios y luego me ven en casa que fracaso en ponerla en práctica. Ven mis equivocaciones y mis faltas, entonces, ¿cómo puedo guiarlos a conversaciones sobre la fe?

A menudo es difícil compartir de Dios y las cosas que él hace en nuestra vida con la familia. Su familia le conoce mejor que nadie, y por eso es la primera en saber cuándo usted falla.

¿Significa esto que debo dirigir a mi familia? ¿O plantear una conversación espiritual en el hogar? ¿O enseñar a mis hijos acerca de Dios? ¿Debería dejar que otro lo haga? ¡Estoy seguro que ya sabe cuál es mi respuesta! ¡No! Es mi responsabilidad.

Probablemente usted no es un pastor como yo, pero estoy seguro que, si usted es un padre joven, sabe lo que es estar cansado. Tengo muchos días largos y difíciles en el trabajo y lo último que quiero hacer al llegar a casa es ser el súper papá. Afortunadamente, mis hijos han crecido más estos días, pero no hace mucho que nuestras tardes incluían cambiar pañales, alimentarlos con comestibles que no les gustaban, escucharlos quejarse sobre eso, bañarlos, ponerles sus pijamas, leerles cuentos a la hora de dormir y orar con uno, mientras el otro hacía un desastre, ayudar a arreglar el desorden, orar con el segundo hijo, ponerlo en la cama y finalmente poder descansar. Hay momentos de alegría y emoción con los niños, pero a veces cuidar de mis hijos es lo último que quiero hacer.

Y, sin embargo, incluso en medio de todo esto, encuentro la satisfacción de ser padre. En este sentido, hago que Dios me ha llamado a hacer ahora. A veces, invertir en la familia y estar presente en casa es difícil, pero estar presentes y seguir a Dios en estos roles, nos da satisfacción.

Probablemente haya escuchado algunas estadísticas sobre la importancia de pasar tiempo en familia. Sin embargo, parece que las familias pasan menos y menos tiempo de calidad juntas.

La revista *Time* publicó esta información: "Los estudios demuestran que cuanto más a menudo las familias comen juntas, menos probabilidades hay de que los hijos fumen, beban, consuman drogas, se depriman, desarrollen trastornos de la alimentación y consideren el suicidio, y es más probable que les vaya bien en la escuela, demoren en tener relaciones sexuales, coman sus vegetales, aprendan palabras principales y saber qué tenedor utilizar".[42] Puede que no parezca una gran cosa tener una cena familiar juntos, pero evidentemente es importante. Y lo más valioso es pasar tiempo junto ya hacer cosas que glorifican a Dios.

En momentos así, podemos contar a nuestros hijos acerca de Dios y su gran obra. Él ha enviado a su Hijo Jesús a morir en la cruz por nuestros pecados y así recibir su gracia y ser guiados a una vida de querer seguirlo. ¡Ese es el regalo más increíble que podríamos pedir! Él también ha hecho muchas otras cosas para nosotros. ¿Quién mejor para compartir ese don sino con nuestra propia familia?

No importa cuál es nuestro trabajo. No importa cuán cansados estemos. Somos llamados a ser testigos, y especialmente a nuestra propia familia. **Antes de salir y anunciar al mundo quién es Dios, primero debemos recordemos que vivimos nuestra fe en nuestro hogar.** ¿Cómo puede ser un testigo mejor del amor de Dios hoy? ¿Hay formas para entablar una conversación espiritual más a menudo? ¿Ora con su cónyuge? Todas estas preguntas son buenas para considerar cuando se habla de proclamar lo que Dios ha hecho en nuestro hogar.

ANTES DE SALIR
Y ANUNCIAR
AL MUNDO QUIÉN
ES DIOS, PRIMERO
DEBEMOS RECORDAR
QUE VIVIMOS NUESTRA
FE EN EL HOGAR.

#REDLETTERCHALLENGE

En esta historia, Jesús se encuentra con un hombre poseído por un endemoniado y lo sana. La respuesta natural del hombre sanado fue proclamar lo que Jesús había hecho por todos, ¡incluso por su familia!

LUCAS 8: 27-33, 37B-39

__27__ Al desembarcar Jesús, un endemoniado que venía del pueblo le salió al encuentro. Hacía mucho tiempo que este hombre no se vestía; tampoco vivía en una casa, sino en los sepulcros.

__28__ Cuando vio a Jesús, dio un grito y se arrojó a sus pies. Entonces exclamó con fuerza: — ¿Por qué te entrometes, Jesús, Hijo del Dios Altísimo? ¡Te ruego que no me atormentes! __29__ Es que Jesús le había ordenado al espíritu maligno que saliera del hombre.

Se había apoderado de él muchas veces y, aunque le sujetaban los pies y las manos con cadenas y lo mantenían bajo custodia, rompía las cadenas y el demonio lo arrastraba a lugares solitarios. __30__ — ¿Cómo te llamas? —le preguntó Jesús.

—Legión —respondió, ya que habían entrado en él muchos demonios. __31__ Y estos le suplicaban a Jesús que no los mandara al abismo.

__32__ Como había una manada grande de cerdos paciendo en la colina, le rogaron a Jesús que los dejara entrar en ellos. Así que él les dio permiso. __33__ Y, cuando los demonios salieron del hombre, entraron en los cerdos, y la manada se precipitó al lago por el despeñadero y se ahogó.

37 Así que él subió a la barca para irse. __38__ Ahora bien, el hombre de quien habían salido los demonios le rogaba que le permitiera acompañarlo, pero Jesús lo despidió y le dijo: __39__ —Vuelve a tu casa y cuenta todo lo que Dios ha hecho por ti. Así que el hombre se fue y proclamó por todo el pueblo lo mucho que Jesús había hecho por él.

EN ALGÚN MOMENTO HOY REÚNA A SU FAMILIA O COMPAÑEROS DE CUARTO O AMIGOS Y COMPARTA LO QUE DIOS HA HECHO POR USTED.

Podría hacer ser esto durante la cena. Ore con su familia y procure que todos en la familia eleven al menos una oración. Intente hacer esto en familia durante una semana. Si no sabe qué orar, puede comenzar dando gracias por todas las cosas que Dios ha dado y ha hecho por usted.

34/40

FUÍ FORASTERO, Y ME DIERON ALOJAMIENTO

MATEO 25:35

¿Cuántas veces has escuchado a su madre decir: "Nunca acepte los dulces que da un extraño?" Aunque ella lo dijo con buenas intenciones, nos envió el mensaje de que deberíamos temer a los extraños. Y ahora Jesús dice que, en lugar de correr y temer a los extraños, ¿debería darles la bienvenida?

¿Se ha mudado alguna vez y nadie le ha dado la bienvenida? ¿O le sucedió lo contrario: se ha mudado a un lugar nuevo y alguien ha hecho el esfuerzo para reunirse con usted y hacerle sentir bienvenido?

Recuerdo, hace un par de años, cuando una nueva familia se mudó a nuestra calle. No pensé nada al respecto, pero mi maravillosa esposa quería darles la bienvenida. Ella preparó una especie de pan de calabaza orgánico (que en realidad no me gustó, pensé que debería darles algo como galletas, chocolates o galletas regulares azucaradas, no orgánicas). Pero la familia recibió el pan y como sea les gustó, ¡realmente todos apreciaron que alguien les diera la bienvenida!

¡No es la calidad del pan lo que cuenta, sino el gesto! Y, como resultado, una relación surgió de ese gesto de dar pan de calabaza y ahora son una parte regular de nuestra familia de la iglesia y también buenos amigos.

Estoy convencido de que la mejor manera de hacer crecer la iglesia y edificar el reino de Dios es conocer nuevas personas y participar en la comunidad. Si nos convertimos en cristianos y nos rodeamos y compartimos solo de amigos cristianos, será cada vez más difícil expandirse fuera de esos círculos cristianos. No obstante, Dios nunca nos llama a una vida de comodidad, seguridad y tranquilidad. En cambio, Él nos llama a una vida que nos impulsa a salir de nuestra zona de comodidad. Por la razón que sea, esto es difícil, especialmente cuando se trata de formar nuevas relaciones y conocer nuevas personas.

Sin embargo, he descubierto que cuanto más me esfuerzo por salir de mi zona de comodidad, más Dios me ayuda. Uno de los nombres del Espíritu Santo es "Gran Consolador". Usted no necesita al Espíritu Santo si nunca deja su zona de comodidad. Pero cuando va más de su comodidad, experimenta señales de Dios que de otra manera nunca las experimentaría.

Una de mis metas el año pasado fue participar aún más en la comunidad y continuar el fomento de nuevas relaciones. Durante el año pasado, me he acercado mucho a un grupo de muchachos a quienes conocí mientras jugaba raquetbol y voleibol, conocí también a muchos más de mis vecinos y participé en muchas otras actividades fuera de la iglesia. Este año espero participar más en mi Asociación de Propietarios, y prosigo en buscar aún más formas de conocer gente nueva. ¿Ha hecho de esto una prioridad similar en su vida? Si no, ¿por qué no? Si nunca se encuentra con alguien nuevo, ¿cómo crecerá el reino de Dios a través de usted?

No es tan difícil como parece. ¿Qué le gusta a usted hacer? Usted tiene intereses en algunas actividades y otros también tienen intereses. Me encanta jugar al golf, así que mensualmente programo un tiempo para un juego en grupo y es una gran oportunidad para invitar a los de la iglesia como a los que no tienen conexión con una iglesia. Mientras jugamos al golf, podremos conocernos los unos a los otros. Los cristianos en el grupo no golpean a los no cristianos en la cabeza con los palos de golf para decir lo amoroso y amable que es nuestro Dios: solo jugamos al golf. Y como seguidor de Jesús, espero que el Espíritu me indique cuándo podría decir una palabra en particular acerca de Dios o nuestra iglesia.

Pero, ¿cómo puedo saber cuándo el Espíritu me guía? Si lee la palabra de Dios diariamente como ha estado en este reto, entonces estará en sintonía con Dios de tal manera que sabrá cuando el Espíritu le guía a decir algo o hacer algo que impacte la vida de otra persona

Quiero animarle hoy a participar más, especialmente entre las personas que quizás aún no conozca. Usted nunca sabe a dónde podría Dios dirigir su relación. Como niño no debe aceptar caramelos de un extraño, ¡pero como adulto está bien seguir adelante y conocer a uno!

CUANDO VA MÁS ALLÁ DE LOS NIVELES DE SU COMODIDAD... EXPERIMENTA SEÑALES DE DIOS QUE DE OTRA MANERA NO LAS EXPERIMENTARÍA.

#REDLETTERCHALLENGE

En esta historia, Jesús escoge a un recaudador de impuestos (alguien que habría sido un marginado) para que lo siga y luego cena con él y con los otros recaudadores de impuestos y pecadores. En esta historia, vemos que Jesús da la bienvenida a todas las personas, incluso a los extraños, para entablar una relación con él.

MATEO 9: 9-13

9 Al irse de allí, Jesús vio a un hombre llamado Mateo, sentado a la mesa de recaudación de impuestos. "Sígueme", le dijo. Mateo se levantó y lo siguió.

***10** Mientras Jesús estaba comiendo en casa de Mateo, muchos recaudadores de impuestos y pecadores llegaron y comieron con él y sus discípulos. **11** Cuando los fariseos vieron esto, les preguntaron a sus discípulos: — ¿Por qué come su maestro con recaudadores de impuestos y con pecadores?*

***12** Al oír esto, Jesús les contestó: —No son los sanos los que necesitan médico, sino los enfermos. **13** Pero vayan y aprendan qué significa esto: "Lo que pido de ustedes es misericordia y no sacrificios". Porque no he venido a*

SALUDE A ALGUNOS VECINOS QUE AÚN NO CONOCE.

O comience o únase a un grupo en su vecindario o comunidad para hacer algo que usted disfruta. ¡Entre en un nuevo círculo social! Conozca gente nueva. Si esto es demasiado para que usted lo haga solo, pida que un amigo lo acompañe.

35/40

Estas son las últimas palabras registradas que Jesús habló a sus discípulos antes de ascender al cielo. Jesús fue muy intencional acerca de lo que hizo y dijo a lo largo de su ministerio, y esto incluye estas palabras finales. Estas palabras son poderosas y muy importantes.

Recuerdo cuando el canal ESPN comenzó a transmitir juegos de baloncesto de la escuela secundaria. El primer juego que vi fue a Lebron James y su equipo St. Vincent de la preparatoria Saint Mary. De inmediato se podía saber que se trataba de alguien especial. Después de que terminara su carrera en la escuela secundaria, fue directamente a la Asociación Nacional de Baloncesto (NBA). Fue reclutado por el equipo de los Cleveland Cavaliers, que resultó ser mi equipo favorito de baloncesto. De inmediato, al entrar en la liga, firmó un gran contrato con Nike. Uno de sus lemas más populares para los fanáticos de Lebron James fue: "Todos somos testigos". Estábamos viendo a alguien y algo especial.

Eso es ser un testigo. Si se encuentra en un tribunal y se le llama como testigo, es su deber testificar y dar evidencia de lo que sabe, lo que ha visto o escuchado. Eso se llama su testimonio. Cuando Jesús nos llama a ser sus testigos, debería ser algo reconfortante. Cuando testifica, simplemente dice lo que sabe y lo que ha visto. A veces exageramos las cosas cuando se trata de la fe cristiana. Nos ponemos muy nerviosos al hablar de Jesucristo con otros o hablar de Él en público. Pensamos que necesitamos saber las palabras exactas para decir y tener la respuesta a cada pregunta que alguien pueda hacer antes de comenzar a hablar acerca de quién es Jesús.

Cada uno es único y Dios ha hecho cosas extraordinarias por cada uno al salvarnos de nuestros pecados y darnos la vida eterna. Aparte de eso, Dios ha hecho mucho más y cada uno de nosotros tiene una historia que contar. **¿Qué ha hecho Dios por usted?** ¿Qué diferencia ha hecho Dios en su vida? Creo que responder a estas preguntas es mucho más eficaz que algunas de nuestras estrategias de evangelismo. Las personas se conectan con usted al escuchar cómo Dios ha hecho un impacto en su vida.

Y hay algo más vivificante en ser un testigo de Jesucristo. Esta noticia reconfortante se encuentra en Hechos 1: 8: "Pero cuando venga el Espíritu Santo sobre ustedes, recibirán poder y serán mis testigos..."

Cuando testificamos y **hablamos de Jesucristo, no estamos solos**. Nos acompaña el Espíritu Santo y su poder. Muchas veces en los evangelios, Jesús dice que al hablar en su nombre, su Espíritu Santo hablará a través de nosotros. Él nos dará las palabras que tenemos que decir.[43] Cuando usted testifica acerca de quién es Jesús y lo que ha hecho por usted, da al Espíritu de Dios la oportunidad de obrar poderosamente a través de usted. **No subestime lo que Dios puede hacer a través de usted y su historia.**

LECTURA BÍBLICA

En esta historia, Dios ha llamado a Moisés a ser el salvador y líder del pueblo israelita. Moisés siente que no está capacitado, y da una excusa de no ser elocuente. Dios recuerda a Moisés que él le dio la boca en primer lugar y que lo ayudará a hablar y le enseñará qué decir. Cada vez que Dios nos pide hacer algo, ¡Él siempre va con nosotros! ¡Nunca nos deja solos!

ÉXODO 4: 10-12

10 —Señor, yo nunca me he distinguido por mi facilidad de palabra —objetó Moisés—. Y esto no es algo que haya comenzado ayer ni anteayer, ni hoy que te diriges a este servidor tuyo. Francamente, me cuesta mucho trabajo hablar.

11 — ¿Y quién le puso la boca al hombre? —Le respondió el Señor—. ¿Acaso no soy yo, el Señor, quien lo hace sordo o mudo, quien le da la vista o se la quita? 12 Anda, ponte en marcha, que yo te ayudaré a hablar y te

ESCRIBA SU TESTIMONIO.

Si no sabe qué debe escribir, simplemente escriba la respuesta a estas dos preguntas: ¿Qué ha hecho Dios por usted? ¿Qué diferencia ha hecho Dios en su vida?

36/40

VE Y PROCLAMA EL REINO DE DIOS

LUCAS 9:60

Uno de los libros más influyentes que he leído es *The Divine Conspiracy* (La conspiración Divina), de Dallas Willard. Gran parte del libro se basa en el mensaje fundamental de Jesús, el reino de Dios, y describe cómo es la vida en el reino. Willard habla sobre la frecuencia con la que Jesús menciona el reino de Dios y su importancia para nosotros hoy. Willard describe el reino de Dios como: "La libre disponibilidad del gobierno y la justicia de Dios para toda la humanidad a través de la confianza en Jesús mismo, la persona que ahora está en el mundo entre nosotros".[44]

Quiero explicar lo que el reino de Dios significa para nosotros y su importancia en nuestra vida hoy. Muchas iglesias y pastores enseñan el "evangelio del perdón de los pecados". Este evangelio dice que Jesús vino, llevó una vida perfecta, murió en la cruz por los pecados del mundo y ahora ofrece la gracia a usted través del perdón de sus pecados. Si cree en Jesús como su Salvador, entonces él perdona todos sus pecados y usted puede entrar en la vida eterna con Él. ¡Es una noticia asombrosa!

No obstante, esta noticia es solo una parte del evangelio y no la totalidad de las Buenas Nuevas.

Considere esta situación: un ciudadano honrado y miembro de la iglesia se acerca a su pastor y dice: "Voy a divorciarme de mi esposa porque me he enamorado de alguien más". El pastor, por supuesto, diría: "No puede hacer eso". El hombre dice: "Por supuesto que sí, usted ha dicho que Jesús perdonará mis pecados si creo que murió en la cruz". ¿Qué diría usted a continuación? ¿Qué podría usted decir a continuación?[45]

Si todo lo que usted conoce es el "evangelio del perdón de los pecados", entonces realmente no hay una buena respuesta. Jesús lo perdonaría. O, ¿será que lo haría? Ahí es donde viene el reino de Dios. El reino de Dios nos enseña que Cristo vino a ofrecer el perdón de los pecados y la vida eterna a todos los que creen, pero también nos enseña que no se trata solo del perdón. ¡El reino de Dios también cosecha los beneficios y las recompensas ahora porque nuestra vida eterna ya ha comenzado! Y podemos participar con Dios para traer el reino de Dios a este mundo ahora mismo.

Así es como funciona: mi vida es un desastre. Dios me perdona. Estoy tan conmovido por la bondad y la gracia de Cristo que no puedo evitar querer servirlo con mi vida.

Si realmente buscamos a Jesús y creemos en la realidad del reino de Dios en nosotros, entonces nunca procuraríamos divorciarnos de nuestra esposa, porque no está bien. ¡Ni siquiera buscaríamos amar a otra mujer si estuviéramos casados porque Cristo o sus discípulos nunca habrían hecho eso!

Hay el "evangelio del perdón de los pecados", que nos hace justos ante Dios y permite tener la vida eterna con Él en el cielo. Y esas son buenas noticias para el futuro. Pero también hay el "evangelio del reino de Dios" que trae esperanza para hoy y nos obliga a ser como Jesús. Podemos parecernos más y más a Jesús al seguir y ser guiados por el poder del Espíritu Santo. Ambos evangelios son importantes, y para mí, son uno y el mismo. No creo que usted pueda tener uno sin tener el otro.

Jesús comenzó su ministerio en Mateo 4:17 con estas palabras: "Arrepiéntanse, porque el reino de los cielos está cerca". Jesús nos anuncia la disponibilidad del reino de Dios e invita a todos a ser parte del reino. Él dice: "Vengan todos. Esta invitación es para todos". Él quiere que todos podamos ser salvos para vivir con Él en el cielo para siempre. Pero aún más importante, Él quiere que oigamos las buenas nuevas hoy de que Dios vive y reina en usted y que **puede hacer una diferencia y traer su Reino aquí y ahora.**

USTED PUEDE HACER UNA DIFERENCIA Y TRAER SU REINO AQUÍ Y AHORA.

#REDLETTERCHALLENGE

A lo largo del libro de Hechos, Pablo espera compartir el Evangelio en Roma. Finalmente, después de muchos eventos imprevistos y desafortunados, él tiene la oportunidad de predicar en Roma, pero bajo custodia. Como puede ver en esta porción de las Escrituras, algunas personas creyeron y otras no. No depende de usted determinar el producto de sus palabras y testimonio, depende de usted simplemente compartir su historia. **Ser obediente es su responsabilidad. El resultado es responsabilidad de Dios.**

HECHOS 28: 23-31

23 Señalaron un día para reunirse con Pablo, y acudieron en mayor número a la casa donde estaba alojado. Desde la mañana hasta la tarde estuvo explicándoles y testificándoles acerca del reino de Dios y tratando de convencerlos respecto a Jesús, partiendo de la ley de Moisés y de los profetas. ***24*** *Unos se convencieron por lo que él decía, pero otros se negaron a creer.* ***25*** *No pudieron ponerse de acuerdo entre sí, y comenzaron a irse cuando Pablo añadió esta última declaración: "Con razón el Espíritu Santo les habló a sus antepasados por medio del profeta Isaías diciendo:*

26 *"Ve a este pueblo y dile: 'Por mucho que oigan, no entenderán; por mucho que vean, no percibirán'.* ***27*** *Porque el corazón de este pueblo se ha vuelto insensible; se les han embotado los oídos, y se les han cerrado los ojos. De lo contrario, verían con los ojos, oirían con los oídos, entenderían con el corazón y se convertirían, y yo los sanaría".*

28 *"Por tanto, quiero que sepan que esta salvación de Dios se ha enviado a los gentiles, y ellos sí escucharán".* ***30*** *Durante dos años completos permaneció Pablo en la casa que tenía alquilada, y recibía a todos los que iban a verlo.* ***31*** *Y predicaba el reino de Dios y enseñaba acerca del Señor*

GRABE EL TESTIMONIO QUE ESCRIBÍO AYER.

Compártalo en todas sus plataformas de redes sociales. Compártalo también en nuestra página de Facebook: www.fb.me/redletterchallenge.

37/40

VAYAN POR TODO EL MUNDO Y ANUNCIEN LAS BUENAS NUEVAS A TODA CRIATURA

MARCOS 16:15

Esta es una cita bastante intimidante. Para muchos de nosotros, a medida que avanza el Reto de las Palabras en Rojo se ha vuelto más difícil, ¡y ahora realmente es más! Para algunas personas, aquí es donde efectivamente necesitarán que la presencia de Dios les acompañe, porque temen hablar a alguien acerca de Jesús. Piensan: "Haré todas las otras cosas, perdonaré, serviré, seré generosa, ¡pero no me pida abrir la boca!"

San Francisco de Asís dijo una vez: "Predica el Evangelio y, si es necesario, usa palabras". A la gente le encanta esta cita. Y creo que es única porque enfatiza que nuestras acciones son muy importantes cuando se trata de vivir nuestra fe. Pero creo que mucha gente mira esta cita y la usa como una excusa para nunca hablar.

Hay un tiempo para mostrar a las personas quién es Jesús a través de nuestras acciones, pero también hay un momento para hablar. No es solo hablar, son ambos. Necesito mostrar a las personas quién es Dios a través de mis acciones y debo hablar el Evangelio.

Hemos perdido nuestro denuedo a la hora de hablar acerca de Dios. Muchos de nosotros preferiríamos hacer otra cosa. Pero ¿por qué sucede eso? Si Dios realmente murió en la cruz por usted y pagó el precio que usted merecía pagar, si literalmente le rescató del infierno, ¿acaso no querría compartir esa buena nueva con los demás?

A mi denominación se le ocurrió hacer un estudio extenso de por qué la asistencia a la iglesia, los bautismos y la membrecía en nuestra denominación están bajando. La respuesta número uno que dieron es que tenemos menos hijos. Entonces, a pesar de que la población está en aumento, ¿hemos culpado nuestro descenso denominacional a la tasa de natalidad? ¿La solución es tener más hijos? Me pareció ridículo. ¡Preferiríamos criar a un niño desde el nacimiento en vez de salir y hablar a alguien acerca de Jesús!

Lucho con esta encuesta porque muchas veces a lo largo de las Escrituras, Dios manda a su pueblo que proclame quién es Él. No solo eso, sino que Él nos envía con su Espíritu Santo para tener confianza. No tenemos que salir con miedo y timidez, sino recordar que operamos desde una posición de poder y fuerza.

Sé que no es fácil hablar en público o testificar sobre Jesús. Es difícil hablar delante de otros. Cuando yo era niño, realmente me intimidaba hablar en público. Siempre me ponía muy nervioso. Debido a que mi apellido estaba al final del alfabeto, usualmente era el último y así tuve más tiempo para preocuparme. Recuerdo en silencio alentar a otras personas a dar un pobre discurso para que al dar el mío no fuera tan malo como el de todos los demás. Estaba aterrado.

Pero **Dios puede convertir su temor en confianza.**

Después de suficientes discursos y sermones, comencé a tener confianza en esta área. Ahora me encanta hablar en público. Me encanta predicar. Me encanta hablar a la gente acerca de Jesús. Es la razón de mi vivir. De hecho, hace un par de años, decidí que iba a intentar romper un récord Guinness por el discurso más largo de todos los tiempos. Yo Quería predicar a través de toda la Biblia y ayudar a las personas a entender mejor la palabra de Dios y, al mismo tiempo, usar el evento para recaudar fondos para una nueva organización, sin fines de lucro en nuestra área, para construir un hogar de restauración para hombres. Después de predicar 53 horas y 18 minutos, fui titular del récord mundial Guinness y ¡ literalmente, soy el predicador con el mensaje más largo de todos los tiempos!

Hubo muchas veces que no supe qué decir, pero Dios me ayudó de una manera poderosa. Había versículos de la Biblia que no sabía que había memorizado que Dios me ayudó a recordarlo a las tres de la mañana. Ese fin de semana en particular fue una prueba viviente de que debo ser obediente y fiel, y Dios se encargará del resto. Él hablará cuando no sepa qué decir.

Cuando obligo a mí mismo a sentirme incómodo, experimento a Dios de maneras que de otra forma no hubiera experimentado. Él siempre ayuda. Él nunca nos deja ni abandona. Hay muchas personas que no conocen a Jesucristo como su Señor y Salvador. Aumentar nuestra tasa de natalidad está bien, pero hay muchas personas aquí, que mueren y van al infierno. Nuestro trabajo es mostrarles y decirles quién es Jesucristo. No esperemos. Los riesgos son muy altos.

DIOS PUEDE CAMBIAR SU TEMOR EN CONFIANZA.

Dios dio una visión al profeta Ezequiel y lo llevó a un valle de huesos secos. En esta visión, el profeta está rodeado de huesos secos, muertos completamente. ¡Hablando de una multitud muy dura! Esta visión nos muestra que la Palabra del Señor es eficaz. Puede dar vida a los huesos muertos y puede dar vida a las personas muertas espiritualmente.

EZEQUIEL 37: 1-10

37 La mano del SEÑOR vino sobre mí, y su Espíritu me llevó y me colocó en medio de un valle que estaba lleno de huesos. ***2*** *Me hizo pasearme entre ellos, y pude observar que había muchísimos huesos en el valle, huesos que estaban completamente secos.* ***3*** *Y me dijo: "Hijo de hombre, ¿podrán revivir estos huesos?"*

Y yo le contesté: "SEÑOR omnipotente, tú lo sabes".

4 *Entonces me dijo: "Profetiza sobre estos huesos, y diles: "¡Huesos secos, escuchen la palabra del SEÑOR!* ***5*** *Así dice el SEÑOR omnipotente a estos huesos: 'Yo les daré aliento de vida, y ustedes volverán a vivir.* ***6*** *Les pondré tendones, haré que les salga carne, y los cubriré de piel; les daré aliento de vida, y así revivirán. Entonces sabrán que yo soy el SEÑOR' ".*

7 *Tal y como el SEÑOR me lo había mandado, profeticé. Y mientras profetizaba, se escuchó un ruido que sacudió la tierra, y los huesos comenzaron a unirse entre sí.* ***8*** *Yo me fijé, y vi que en ellos aparecían tendones, y les salía carne y se recubrían de piel, ¡pero no tenían vida!*

9 *Entonces el SEÑOR me dijo: "Profetiza, hijo de hombre; conjura al aliento de vida y dile: "Esto ordena el SEÑOR omnipotente: 'Ven de los cuatro vientos, y dales vida a estos huesos muertos para que revivan' ".* ***10*** *Yo profeticé, tal como el SEÑOR me lo había ordenado, y el aliento de vida entró en ellos; entonces los huesos revivieron y se pusieron de pie. ¡Era un ejército numeroso!*

ESCRIBA CINCO NOMBRES DE PERSONAS EN SU VIDA QUE NO TIENEN UNA RELACIÓN CON JESUCRISTO.

Hable hoy sobre su testimonio con una de esas cinco personas. Haga un plan durante el próximo mes para hablar con las otras cuatro. Esto debería ser evidente, pero cuando hable con ellas, asegúrese de que también esté listo para escucharlas sobre cualquier cosa que puedan estar pasando.

38/40

NO ME ESCOGIERON USTEDES A MI, SINO QUE YO LOS ESCOGI A USTEDES Y LOS COMISIONE

JUAN 15:16

A medida que pasa por el desafío de 40 días, espero que haya obtenido algunas victorias. Pero si es como yo, es probable que haya luchado a veces. Hay momentos en mi relación con Dios cuando me pregunto si tengo lo que requiere seguirlo verdaderamente de la manera que Él quiere.

Al terminar este desafío, recuerde que Dios le ama por quien es. Dios le eligió para ser su hijo o su hija antes de que existieran los cimientos del mundo y antes de que usted hiciera cualquier cosa. No tiene que esforzarse por tener una relación con Dios. **Él no le ha elegido por su esfuerzo o porque ha hecho algo importante, sino simplemente porque Él le ama.**

Al seguir a Jesús, habrá días en que va a pasar por luchas. Habrá días que nada saldrá según lo planeado. De ninguna manera el caminar del cristiano es fácil. Pero incluso cuando fracasa, eso no lo descalifica como seguidor de Jesús.

Con solo un par de días para llegar al final, quiero recordarle que Dios es el que determina su identidad. Quién usted cree ser determinará qué decisiones tomar y cómo vivir su vida. Su identidad determina su biografía. Y Dios le dio identidad y se la confirmó al clavar sus pecados en la cruz. ¿Por qué buscaríamos a alguien o algo fuera de Dios para obtener nuestra identidad?

Una década atrás, uno de mis programas favoritos era "ídolo americano". Lo que más me gustó del programa fue ver algunos de los músicos realizar sus sueños. Me rompía el corazón ver a Simon Cowell decir a las personas, quienes se creían buenas escuchar que en realidad eran de las peores cantantes del mundo.

Después del éxito del programa "ídolo americano", los programas de canto se volvieron muy populares. Y todos eran muy similares: un grupo de personas que intentaba triunfar y, por lo general, cantaban frente a un público que incluía al menos tres jueces, uno de los cuales tenía que ser británico.

Luego salió al aire un nuevo programa llamado "The Voice" (La voz). Es una competencia de canto con un proceso emocionante. En la primera ronda, llamada "audiciones a ciegas", los cantantes actuaban frente a cuatro jueces famosos, pero los jueces no podían verlos. Ellos estaban de espalda a los cantantes.

Mientras los cantantes mostraban sus talentos en el escenario, los jueces escuchaban y si les gustaba, presionaban un botón y la silla giraba. Luego, una luz brillante en la parte inferior de la silla mostraba estas palabras: "Te escojo". Eso significaba que al juez le gustó tanto que decidió escoger a la persona sin verla, para que estuviera en su equipo. Es un honor ser elegido por uno de los mejores talentos musicales del mundo.[46]

Es increíble ver a alguien realizar su sueño. Es maravilloso ver a alguien sr escogido. A veces, las cuatro sillas giraban y todos los jueces querían al cantante en su equipo. Lo que hizo muy divertido el espectáculo era ver a estos jueces famosos pelearse para ser el mentor del cantante. Pero lo más difícil es ver al cantante no lograr que ningún juez diera vuelta la silla. Nadie lo quería. Nadie lo eligió. Fue rechazado.

Del mismo modo, creo que muchos pasamos por nuestras vidas como estos participantes. Estamos concursando frente a los que nos rodean. Tratamos de obtener la aprobación de los jueces que hemos designado para sentarse en las sillas que hemos imaginado. Pensamos como caerles bien a las personas en nuestras vidas para que aprueben nuestro estilo de vida. Buscar formas de conseguir más "me gusta" en Facebook. Más seguidores de Instagram.

Nos esforzamos mucho y corremos muy rápido para hacer todo lo posible en obtener la aprobación de este mundo. Y la parte más extravagante de todo esto es que el Dios que nos creó ya nos ha elegido y nos ama, no por lo bien que cantamos o por lo que podamos hacer en este mundo. De hecho, incluso antes de presentarnos para una audición, Dios no solo ha girado su silla, sino que ya ha bajado de su trono del cielo para declarar "Te escojo".

"Dios ha emitido un anuncio desde su trono en el cielo y quiere que usted sepa que la audición ha sido cancelada. Él no le ha elegido a ciegas, sino intencionalmente, incluso cuando le conoce íntimamente. Y déjeme decirle por qué estas son algunas de las mejores noticias de la historia del universo: si este Dios le ha elegido sabiendo incluso todas las cosas malas de usted, ¡ya no tiene que estar a la altura de nadie o de "cualquier cosa!"[47]

Creo que dentro de todos nosotros, Dios ha puesto un anhelo profundo por algo más, por algo importante. Ese "algo más" es verdaderamente seguir a él.

No importa cómo fue su concurso en este desafío, Dios todavía le ama. Y todavía le ha elegido. No se deje vencer ni se frustre. ¡Levántese y siga adelante! Usted tiene una historia que contar.

ÉL NO LE ELIGIÓ PORQUE USTED HIZO ALGO IMPORTANTE, SINO SIMPLEMENTE PORQUE LE AMA.

En esta sección, Dios dice a Jeremías que Él lo escogió cuidadosamente para su tarea. Dios ya le había elegido no después de que Jeremías probara su potencial como predicador o después de que Jeremías demostrara niveles significativos de consistencia. Más bien, Dios escogió a Jeremías antes de nacer. Antes de que Jeremías pudiera hacer algo para merecer la aceptación de Dios, ¡Él presionó el botón grande!

JEREMÍAS 1: 4-10

4 La palabra del SEÑOR vino a mí:

5 "Antes de formarte en el vientre, ya te había elegido; antes de que nacieras, ya te había apartado; te había nombrado profeta para las naciones"

6 Yo le respondí: "¡Ah, SEÑOR mi Dios! ¡Soy muy joven, y no sé hablar!"

7 Pero el SEÑOR me dijo: "No digas: "Soy muy joven", porque vas a ir adondequiera que yo te envíe, y vas a decir todo lo que yo te ordene. 8 No le temas a nadie, que yo estoy contigo para librarte". Lo afirma el SEÑOR.

9 Luego extendió el SEÑOR la mano y, tocándome la boca, me dijo: "He puesto en tu boca mis palabras. 10 Mira, hoy te doy autoridad sobre naciones y reinos," para arrancar y derribar, para destruir y demoler, para construir y plantar".

ASÍ COMO DIOS LO ELIGIÓ ANTES DE QUE HICIERA ALGO PARA COMPLACERLO,

Quiero que usted elija a alguien hoy que tampoco nada ha hecho para ganar su favor y busque una manera de bendecir a esa persona.

39/40

¡Seguir a Jesús es la mejor oportunidad que tendremos!

Los discípulos entendieron esto. Por esa razón inmediatamente siguieron a Jesús.
No creo que entendamos lo especial es ser un discípulo de Jesús. La forma que yo pensaba de un discípulo cambió cuando estudié la obra de Ray Vanderlaan titulada "*In The Dust of the Rabbi*" [En las pisadas del Rabino]. Gran parte de esta reflexión proviene de sus enseñanzas.

Para entender qué es un discípulo, uno debe remontarse a la época en la que nació Jesús. Jesús nació en Israel, y las personas más respetadas y veneradas en Israel eran los maestros de la Torá, que son los primeros cinco libros del Antiguo Testamento. Un maestro de la Torá era conocido como un rabino. Esta era una posición muy respetada. En el Nuevo Testamento, se menciona a Jesús como rabino 14 veces y como maestro 40 veces.

Vanderlaan dice: "Para un niño que crecía en Israel, ser un rabino es lo mejor que le puede pasar".[48] La segunda cosa más grande sería ser un seguidor de un rabino, especialmente el rabino Jesús. Había algo especial sobre el rabino Jesús. Él solo enseñó la Torá con total comprensión, sino también habló con plena autoridad al viento y a las olas del mar. Comenzó a sanar a muchos y hacer otros milagros. Imagine lo emocionante que debe haber sido convertirse en uno de sus discípulos.

Sin embargo, generalmente requería mucho trabajo convertirse en un discípulo de un rabino. Un rabino en los días de Jesús escribió esto: *"No aceptamos a un niño menor de los seis años de edad. Pero a partir de seis años de edad, lo aceptamos y lo cargamos con la Torá como a un buey"*[49]. A los seis años, un niño podía ir a la Bet Sefer, la casa del libro. Desde los seis a los diez años de edad, un niño literalmente se podría sentarse a los pies de un maestro y memorizar la Torá. A la edad de 10 años, el joven judío habría memorizado todo el libro de Génesis, Éxodo, Levítico, Números y Deuteronomio.

En este punto, muchos niños volverían a casa para aprender un oficio. Sin embargo, algunos estudiantes tenían un don especial y podrían ser aceptados a pasar al siguiente nivel: *Bet Talmud*, la casa de aprendizaje. Allí seguirían memorizando, día tras día, año tras año. Y a la edad de 14 años, no era de extrañar que estos estudiantes memorizaran toda la Escritura Hebrea: ¡Desde Génesis hasta Malaquías, más de mil páginas en mi Biblia! Y su rabino les hacía preguntas de comprensión. Para estos discípulos no era solo saber el contenido del texto; Debían ser capaces de interpretarlo también. Tenía que ser parte de su vida.

A la edad de 14 o 15 años, el mejor de todos de la *Bet Talmud* encontraría un rabino a quien admiraba y le pediría ser uno de sus estudiantes. El rabino le haría una prueba. Si lo aprobaba, sería aceptado y comenzarían la *Bet Midrash*, la casa de estudio.

En este punto, los estudiantes pasaban cada minuto con su rabino para aprender de él. ¡Eso es lo que requería convertirse en un discípulo en ese entonces! Solo el mejor de todos podía lograrlo.

Pero los discípulos que Jesús eligió no eran lo mejor de todos. Jesús no esperó a que la gente le pidiera seguirlo. En cambio, él fue a un recaudador de impuestos llamado Mateo. Se dirigió a jóvenes que no asistieron a la escuela de rabinos, a hombres sin educación y comunes como Pedro, Andrés, Santiago, y Juan. ¡Estas personas no merecían seguir al mejor rabino de todos los tiempos! Estos hombres estaban acostumbrados a fallar. ¿Se imagina la emoción de recibir el llamado de Jesús? ¡Esta fue la mayor oportunidad de sus vidas!

Un rabino de esa época otorgaba la bendición a un estudiante con estas palabras: **"Que puedas estar cubierto por el polvo de tu rabino"**. En otras palabras, que sigas a tu rabino tan de cerca que cuando sus pies levantan polvo, seas cubierto por ese polvo.

¿Quiere ir y hacer discípulos? Viva bajo la influencia de las pisadas de Jesús. Entonces va suceder.

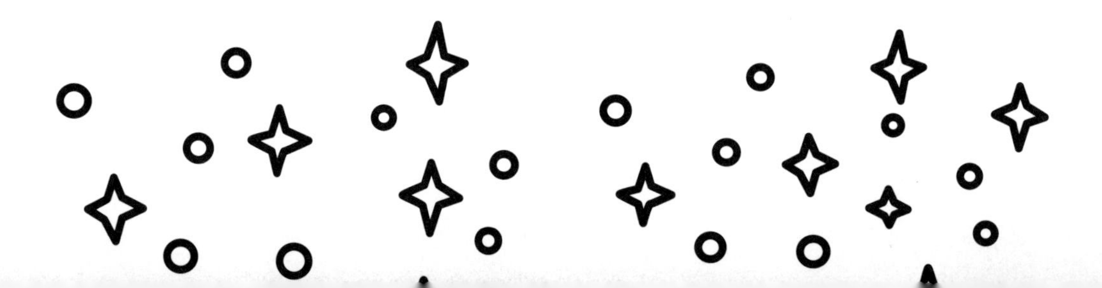

¡SEGUIR A JESÚS
ES LA MEJOLR
OPORTUNIDAD
QUE TENDREMOS!

#REDLETTERCHALLENGE

Aquí tenemos la historia de Jesús llama a uno de sus discípulos. ¡Qué honor y privilegio ser elegido por el rabino Jesús!

LUCAS 5: 27-32

27 Después de esto salió Jesús y se fijó en un recaudador de impuestos llamado Leví, sentado a la mesa donde cobraba. —Sígueme —le dijo Jesús. 28 Y Leví se levantó, lo dejó todo y lo siguió.

29 Luego Leví le ofreció a Jesús un gran banquete en su casa, y había allí un grupo numeroso de recaudadores de impuestos y otras personas que estaban comiendo con ellos. 30 Pero los fariseos y los maestros de la ley que eran de la misma secta les reclamaban a los discípulos de Jesús: —¿Por qué comen y beben ustedes con recaudadores de impuestos y pecadores?

31 —No son los sanos los que necesitan médico, sino los enfermos —les contestó Jesús—. 32 No he venido a llamar a justos, sino a pecadores para

ES MENESTER QUE SE CONVIERTA EN UN DISCÍPULO O SEGUIDOR DE JESÚS.

Si aún usted no es un discípulo, ¿puede identificar a una o dos personas que son discípulos maduros de Jesús y pedirles ser sus mentores? Si ya es un seguidor maduro de Jesucristo, busque una o dos personas a las que pueda ser un mentor.

40/40

DÍA 41 Y A CONTINUACIÓN

Ahora que ha completado el desafío, ¿cómo le fue? Si usted es como yo, probablemente fue más fuerte en algunas áreas que en otras. Espero que en los últimos 40 días haya aprendido más acerca de Dios y lo que pide a sus seguidores. Puede repetir el desafío tantas veces como quiera y comparar cómo le fue cada vez. El desafío es para toda la vida, porque **al seguir a Jesús y sus palabras, podemos encontrar la vida para la cual fuimos creados.**

Le animo a continuar con los cinco principios esenciales de este reto: Ser, perdonar, servir, dar y seguir. Seguir a Jesús bien es una combinación de estos cinco principios. También le animo a conectarse con una iglesia local y un grupo pequeño de seguidores de Jesús con ideas afines. No siempre es fácil seguir a Jesús, y necesitará el apoyo y el aliento de los demás para seguir adelante. No solo eso, sino que otros también necesitarán su apoyo y ánimo. Quiero dejarle con esta bendición:

QUE BUSQUE A JESÚS DE TODO CORAZÓN, QUE DIOS LE USE PARA HACER COSAS PODEROSAS POR SU REINO Y DESPUÉS DE DECIR Y HACER TODO PUEDA ESCUCHAR A DIOS DECIR: "BIEN HECHO SIERVO BUENO Y FIEL".

AUTO-REFLEXIÓN

Seguir a Jesús es la mejor oportunidad que tendremos, y también debemos esforzarnos constantemente para ser mejores. Entonces, ¿cómo lo le fue? Haga una evaluación honesta personal de cada uno de los cinco principios esenciales y escriba su calificación en una escala de 1 al 10, 1 como el peor y 10 como el mejor.

Ser

1 2 3 4 5 6 7 8 9 10

Perdonar

1 2 3 4 5 6 7 8 9 10

Servir

1 2 3 4 5 6 7 8 9 10

Dar

1 2 3 4 5 6 7 8 9 10

Ir

1 2 3 4 5 6 7 8 9 10

NOTAS FINALES

¿Cuál es su mayor fortaleza y su mayor debilidad respecto a seguir las palabras en rojo de Jesús?

SOBRE EL AUTOR

TWITTER: @ZACHZEHNDER

Zach completó su trabajo de pregrado en la universidad Concordia en Wisconsin. Fue allí donde conoció a su esposa Allison, y se casaron en julio del 2004. Después Zach obtuvo su Maestría en Divinidad del seminario Concordia en la ciudad de, St. Louis, Missouri, en mayo del 2010. Zach y Allison tienen dos hijos: Nathan y Brady. En mayo de 2010, Zach aceptó un llamado para plantar una iglesia en Mount Dora, Florida, llamada *theCross*. En solo unos pocos años, la iglesia ha crecido de solo su familia a varios cientos y actualmente es la de más rápido crecimiento en la Iglesia Luterana del Sínodo de Missouri..

Zach alcanzó fama mundial por sus formas creativas de realizar el ministerio. En abril del 2014, Zach hizo un comentario sarcástico en uno de sus sermones de que pagaría para que la gente se hiciera un tatuaje del logotipo de su iglesia como una forma de ayudar a la publicidad. Mientras bromeaba sobre esto, resultó ser algo real, ¡porque 21 personas se tatuaron con el logotipo y la historia se volvió viral

Pero ese sermón no es el más famoso que Zach ha predicado. En noviembre del 2014, Zach rompió el récord mundial Guinness debido al maratón de predicación más largo por una persona. Zach predicó durante 53 horas y 18 minutos y hablando desde el Génesis hasta el Apocalipsis sin usar una Biblia ante de él (según las reglas de Guinness). El evento recaudó más de 100mil dólares para una organización, sin fines de lucro, para comprar una casa donde desarrollar un programa de restauración para hombres. El programa ahora tiene más de 20 hombres a la vez.

Sus pasatiempos incluyen viajes, lectura, voleibol, golf, baloncesto, ping-pong y las empresas emprendedoras. Zach comenzó un negocio en su habitación de la universidad vendiendo fundas de golf y logró vender más de 150mil fundas de golf.

RECONO CIMIEN TOS

¡Estoy sumamente agradecido por mi esposa Allison! Ella ha apoyado mucho nuestro ministerio desde el momento en que la conocí y también me ha desafiado en mi fe de muchas maneras diferentes. ¡Este libro no hubiera sido posible sin ella! Estoy muy agradecido a mis hijos Nathan y Brady por proporcionar tantas historias y material. ¡Dios tiene grandes planes para ambos y no puedo esperar a ver todo lo que harán!

Estoy agradecido por mis padres, Mark y Sharon, quienes demostraron por sí mismos lo que es seguir a Jesús. A mis hermanos, Eric y Charista, por su gran apoyo. El apoyo de ellos significa mucho para mí. Mi nueva familia, la familia Buck, está llena de amor, ayuda y ánimo. ¡Gracias!

Tengo la bendición de conocer a la familia Thrasher. Ustedes han apoyado este proyecto de una manera que nunca olvidaré. ¡Gracias por su incansable apoyo y amor!

Estoy agradecido y emocionado por la iglesia TheCross a la que sirvo. En TheCross, realmente nos hemos convertido en una familia de seguidores de Jesucristo llenos de fe y con grandes expectativas. Gracias por tomar en serio alcanzar a la comunidad y practicar a diario las letras en rojo. Me encanta ser su pastor.

Estoy agradecido por el equipo de personas en la iglesia theCross con quienes trabajo en Florida. ¡Es muy divertido ver cómo la vida de las personas cambia en pos de Jesús! ¡Mi agradecimiento especial a Jacob Baumann, Mark Crossman, Chris Burns, Kevin Lang, y al equipo por todo su tiempo y apoyo en este proyecto!

Estoy agradecido por el equipo de *Plain Joe Studios*. Peter McGowan, Kim Jetton, Kai Husen, Blake Ryan: Gracias por creer en este proyecto y por ayudar a que mi sueño se convierta en realidad.

Toda la gloria a Jesucristo, quien es bastante flexible para darme la oportunidad de seguirlo. ¡No es una carga seguirlo, sino la oportunidad más grande de mi vida!

APÉNDICE

IDEAS PARA REUNIR LA COMUNIDAD

Seguir a Jesús nunca debe hacerse solo. Durante el Reto de las Palabras en Rojo, lo alentamos a que no solo hacer el Desafío juntos, sino también organizar reuniones de la comunidad en torno a las palabras particulares de Jesús. Las reuniones son oportunidades para unir los grupos y tener un gran impacto en la comunidad. Aquí hay varios ejemplos de cómo su iglesia podría combinar ciertas palabras de Jesús con una reunión comunitaria.

Permanezcan en mi Palabra: Organice un estudio bíblico especial en la iglesia.

Ore con fervor: Organice una caminata de oración. Reúna a todos y provea ideas y peticiones para orar.

Adore al Señor su Dios: Organice un servicio especial de adoración para preparar y capacitar a las personas a mantenerse fuertes en el desafío.

Comamos y celebremos: planee una gran fiesta e invite a la comunidad a participar.

Cuando prepare una cena, invite a los pobres, lisiados, cojos, etc. Cocine pescado en la comunidad e invite a los más necesitados.

Ame a su prójimo como a usted mismo: organice un equipo para recorrer un vecindario y limpiar los patios y las casas.

Deje que los niños vengan a mí: Organice un evento en un hospital o campamento para animar y entretener a los niños.

Estuve enfermo y me cuidaste: organice un evento en un hospital local para alentar a los enfermos.

Haga brillar su luz ante los demás: Organice un día de trabajo con una organización como Hábitat para la Humanidad.

Tuve hambre y me diste de comer: organice una colecta de alimentos para su iglesia o un día de trabajo voluntario en una despensa de alimentos local.

Estuve desnudo y me vestiste: organice una colecta de ropa en la iglesia y regale la ropa a un refugio local.

Vaya y proclame el reino de Dios: Organice un evento para recorrer la ciudad o los vecindarios y distribuya información sobre quién es Jesús y cómo las personas pueden conectarse con su iglesia local. Mientras recorre, ore por las personas con las que tiene contacto.

BIBLIOGRAFÍA

[1] Gallo, D.J. "Rant de práctica de Allen Iverson: 10 años después". espn.com. 7 de mayo de 2012. Web. 31 de agosto de 2013.

[2] Doy crédito a Francis Chan y uno de sus sermones anteriores por darme esta ilustración de sermón

[3] Ilustración tomada de Freeway: una guía no tan perfecta para la libertad.

[4] Manning, Brennan. El evangelio de los andrajosos. Hermanas, O: Multnomah, 2000. 2.

[5] Ibid, 14.

[6] 2 Reyes 4:13

[7] Furtick, Steven. Después de una revisión adicional. player.subsplash.com/1a20599. 22 de septiembre de 2012. Web. 25 de enero de 2017.

[8] Packer, Michael. "Jesús habló más sobre el dinero". patch.com. 24 de julio de 2011. Web. Enero de 2017.

[9] Stanley, Andy. "Tu movimiento con Andy Stanley: Sé rico: Episodio 2, Efectos secundarios". Yourmove.is. 3 de noviembre de 2013. Web. 25 de enero de 2017.

[10] Haugen, Gary. Just Courage: La gran expedición de Dios para el cristiano inquieto. Downers Grove, IL: InterVarsity Press, 2008. Pp. 7-16.

[11] Miller, Donald. Un millón de millas en mil años. Nashville, TN: Thomas Nelson, 2009. Nota del autor.

[12] Weber, Jeremy. "80% de los feligreses no leen la Biblia a diario, sugiere una encuesta de LifeWay". christianitytoday.com. 7 de septiembre de 2012. Web. 14 de junio de 2013

[13] Schulz, Andrea. "Ore en grande". willdavisjr.com. n.p.n.d. Web. 5 de junio de 2013.

[14] Foster, Richard J. Oración: Encontrar el verdadero hogar del corazón. San Francisco: HarperCollins, 1992. P. 8.

[15] Definición de adoración. thefreedictionary.com. Web. 11 de mayo de 2012.

[16] Best, Harold M. La música a través de los ojos de la fe. San Francisco: HarperCollins, 1993. P. 147.

[17] Citas de adoración. cuttingitstraight.co.uk. Web. 4 de enero de 2012.

[18] Irlanda, Michael. Un nuevo estudio encuentra que incluso los pastores están "muy ocupados para Dios". christianity.org. 7 de agosto de 2007. Web. 1 de mayo de 2012.

[19] Willard, Dallas. La gran omisión. [San Francisco]: HarperCollins, 2006. P. 38.

[20] Keller, Timothy J. La razón de Dios: la creencia en una era de escepticismo. Nueva York: Dutton, 2008. 36.

[21] Manning, Brennan. El evangelio de los andrajosos. Hermanas, O Multnomah, 2000. 149.

[22] Éxodo 31:13,

[23] Stevenson, John. Controversias del sábado. angelfire.com/nt/theology. Web. 15 de julio de 2013.

[24] Paul Copan. Cierto para usted, pero no para mí, (Minneapolis, MN: Bethany House Publishers, 1998) pp.32-33. cita D.A. Carson, The Sermon on the Mount [El Sermón del Monte] (Grand Rapids, Mich: Baker, 1978), p. 97.

[25] Mateo 7:3.

[26] Definición de misericordia. Oxforddictionaries.com. Web.7 febrero 2012.

[27] Zahnd, Brian. ¿Incondicional? El llamado de Jesús al perdón radical. Lake Mary, FL: Charisma House, 2010. P.18.

[28] Wiesenthal, Simon. El girasol (Nueva York: Schocken, 1997). Pp. 14-15

[29] Mateo 18: 3

[30] "¿Cómo re-salar la sal"? sermones.logos.com. 1 de octubre de 2006. Web. 5 de junio de 2012.

[31] Levitt, Stephen D. y Stephen J. Dubner. Super Freakonomics. N.p.: HarperCollins Canadá, Limitado, 2009. Pp. 121-122.

[32] Sagal, Peter. Espera, espera, la polilla y el teatro y la madre Teresa. Weplaydifferent.wordpress.com. 20 de enero de 2012. Web. 5 de mayo de 2012.

[33] Stanley, Andy. Profundo y ancho: crear iglesias que a las personas sin iglesia les encanta asistir. Grand Rapids, MI: Zondervan, 2012. P. 125.

[34] Aubrey, Allison. "El estadounidense promedio consumió (literalmente) una tonelada este año". npr. org. 31 de diciembre de 2011. Web. 4 de abril de 2013.

[35] Gillam, Carey y Grebler, Dan, ed. "El desperdicio de alimentos: los estadounidenses desechan casi la mitad de sus alimentos, $165 mil millones al año, dice un estudio". huffingtonpost.com. 21 de agosto de 2012. Web. 17 de mayo de 2013.

[36] Mateo 25: 35-40

[37] "Un hombre rico va al cielo". Whosoever.org. Web. 15 de abril de 2012.

[38] Mateo 6:21

[39] Bell, Rob y Don Golden. Jesús quiere salvar a los cristianos. Grand Rapids, MI: Zondervan, 2012 Múltiples páginas.

[40] Fernández, Álvaro. "Es mejor dar que recibir": oxitocina y dopamina. Sharpbrains.com. notario público. 21 de marzo de 2007. Web. 14 de marzo de 2009.

[41] Crédito a Ben Hoyer por esta cita. Ben es un gran pastor y amigo y muchos de sus pensamientos se reflejan en mis propias palabras en este libro.

[42] Cabrera, Derek. "Una familia que come juntos". thinknation.org. 2 de abril de 2013. Web. 2 de julio de 2013.

[43] Mateo 10:20, Lucas 12:12, Juan 14:26

[44] Willard, Dallas. La conspiración divina: redescubriendo nuestra vida oculta en Dios. San Francisco: HarperSanFrancisco, 1998. P. 116.

[45] Willard, Dallas y Giles, Keith. "El evangelio del reino". dwillard.org. 5 de mayo de 2010. Web. 5 de junio de 2012.

[46] Furtick, S. (2014). Crash the Chatterbox: Escuche la voz de Dios sobre todos los demás [Versión Kindle para iPhone]. Tomado de Amazon.com.

[47] Ibid.

[48] Puede encontrar la enseñanza de Ray Vander Laan en el sitio web followtherabbi.com. Este sitio web es un gran recurso para comprender cómo eran las cosas en los tiempos de Jesús. Cobra mucha vida algunas de las historias y parábolas que Jesús enseña cuando usted entiende el contexto del cual Jesús provino.

[49] Ibid.

ESCUCHE, DESCARGUE Y SUSCRÍBASE A ZACH Y A UN PAR DE SUS AMIGOS PREDICADORES EN SU PODCAST SEMANAL LLAMADO

"PREDICADORES QUE NO PREDICAN".

También disponible en inglés:

redletterchallenge.com